El purgatorio de San Patricio

PUBLICATIONS OF THE *BULLETIN OF HISPANIC STUDIES*

Textual Research and Criticism Series

Editors

DOROTHY SHERMAN SEVERIN
University of Liverpool

ANN L. MACKENZIE
University of Liverpool

Associate Editor
JOHN GLEDSON
University of Liverpool

The Textual Research and Criticism Series publishes Spanish, Portuguese and Latin-American texts of literary, linguistic or historical interest not otherwise available in modern editions. The texts are accompanied by a substantial introductory monograph and full apparatus of critical footnotes, and the series is firmly aimed at a scholarly readership.

Scholars interested in publishing texts in the series are invited to apply to the Editors for further information and to submit a brief summary of their projected book. Contributions will be assessed by eminent Hispanists in the appropriate areas, and should not exceed 400 pages of typescript. The editorial address is: *Bulletin of Hispanic Studies*, Department of Hispanic Studies, The University of Liverpool, PO Box 147, Liverpool, L69 3BX.

The Editors of the *Bulletin of Hispanic Studies* wish to record their profound gratitude to the British Academy and to the University of Liverpool for subventions which have enabled the establishment of the *Bulletin*'s Textual Research and Criticism Series.

PUBLICATIONS OF THE *BULLETIN OF HISPANIC STUDIES*
Textual Research and Criticism Series

Pedro Calderón de la Barca: *El purgatorio de San Patricio*

edited,
with an introduction and notes,
by J. M. RUANO DE LA HAZA

LIVERPOOL UNIVERSITY PRESS

First published 1988 by
Liverpool University Press
PO Box 147, Liverpool, L69 3BX

British Library Cataloguing-in-Publication Data

Calderón de la Barca, Pedro, 1600–1681
    El purgatorio de San Patricio.—(Textual research and criti-
    cism series. New series, v.1).
    I. Title II. Ruano, J. M. III. Series
    862'.3
    ISBN 0–85323–126–5

Printed and bound by
Eaton Press Limited, Wallasey, Merseyside

ACKNOWLEDGMENTS

Shortly before his death, Professor Edward M. Wilson had started collecting material for a critical edition of *El purgatorio de San Patricio*. Some of this material was made available to me by Professor Don W. Cruickshank. Among other things, it included a photographic reproduction of MS Res. 89 and the collation of variants for the first two acts of the play. I believe that Professor Wilson had also written a critical commentary on the play. Unfortunately, it could not be found among his papers.

I should like to acknowledge a debt of gratitude to Professor Victor F. Dixon of Trinity College, Dublin, and to Professor Don W. Cruickshank of University College, Dublin, for their invaluable help in bibliographical and literary matters.

Part of the research for this book was made possible thanks to a generous grant from the Social Sciences and Humanities Research Council of Canada. My thanks are also due to the School of Graduate Studies and Research of the University of Ottawa for a partial grant in aid of publication of this book.

For my wife Jackie, who accompanied me during my sojourn in Saint Patrick's Purgatory.

CONTENTS

Acknowledgments   5

Abbreviations   11

I INTRODUCTION

    1 *Sources*   15

    2 *Date of composition*   20

    3 El purgatorio de San Patricio: *An Interpretation*   22

    4 *Staging*   43

    5 *Versification*   51

    6 *The Present Edition*   54

II *EL PURGATORIO DE SAN PATRICIO*

    1 *Primera Jornada*   73

    2 *Segunda Jornada*   104

    3 *Tercera Jornada*   133

III NOTES

    1 *Variants*   167

    2 *Notes to the Text*   181

Bibliography   207

ABBREVIATIONS

BC: Bulletin of the Comediantes.

BH: Bulletin Hispanique.

BHS: Bulletin of Hispanic Studies.

BRAE: Biblioteca de la Real Academia Española.

CSIC: Consejo Superior de Investigaciones Científicas.

HR: Hispanic Review.

MLR: Modern Language Review.

MS: Manuscript Res. 89 of *El purgatorio de San Patricio* in the Biblioteca Nacional of Madrid.

O.C: Obras completas.

QCL: *Primera Parte de Comedias de don Pedro Calderón de la Barca* (Madrid: María de Quiñones. A costa de Pedro Coello, y de Manuel López, 1636).

RABM: Revista de Archivos, Bibliotecas y Museos.

RAE: Real Academia Española.

RCEH: Revista Canadiense de Estudios Hispánicos.

RFE: Revista de Filología Española.

VS: *Primera Parte de Comedias de D. Pedro Calderón de la Barca* (Madrid: Viuda de Juan Sánchez, 1640).

VSL: *Primera Parte de Comedias de don Pedro Calderón de la Barca* (Madrid: Viuda de Juan Sánchez. A costa de Gabriel de León, 1640).

VT: *Primera Parte de Comedias del célebre poeta español don Pedro Calderón de la Barca*, ed. Juan de Vera Tassis (Madrid: Francisco Sanz, 1685).

INTRODUCTION

Introduction

1 *Sources*

Very little is known about the historical St Patrick and even less about his connection with a cave, situated on a small island in Lough Derg in Northwestern Ireland, known as St Patrick's purgatory. Historians are certain, or virtually certain, that St Patrick was born in Britain in the fourth century, and that most of his career falls in the first half of the fifth century.[1] Whatever the origins of the pious legend about his foundation of the purgatory,[2] it is probable that, during his ministry in Ireland, St Patrick visited with some frequency a small island, 'twenty paces long and sixteen wide',[3] called Station Island, the site of the present pilgrimage. After his death, this island was occupied by a series of Celtic saints, most notably St Daveoc, who eventually became the patron saint of the Lough.[4] In 1135, the Canons Regular of St Augustine established themselves at Lough Derg as an Irish-Norman foundation. However, not finding the site at Station Island, which presumably was still inhabited by Celtic anchorites, to their liking, they decided to settle on a nearby and larger island on the same Lough called Saints' Island. Saints' Island is an oblong piece of land covering about ten acres and situated closer to the lake shore than Station Island. It was therefore of easier access to pilgrims, specially after the Augustinian fathers built a stone causeway which connected it with the mainland.

On Saints' Island the Canons erected a Priory and a chapel, out of which, as legend has it, some stones steps led into a large, fearsome and mysterious cave, formerly inhabited by Druids. The Celtic devotees, who were still living on the smaller island, kept insisting that theirs was the real purgatory of St Patrick, but by the end of the twelfth century their small cave on Station Island had been effectively supplanted by the supposedly larger and more impressive one on Saints' Island. It was not, therefore, the cave associated with St Patrick, but the one operated by the Augustinians that became one of the best known and most celebrated centres of pilgrimage in Europe during the Middle Ages. Despite its fame, or perhaps because of it, Pope Alexander VI signed a decree in 1497 ordering its closure, on the grounds that 'this was not the purgatory Patrick got from God, although they were, everyone, visiting it'.[5]

With the closing of the cave on Saints' Island, and the subsequent removal of the purgatory to its rightful place on Station Island, there must have come a change in religious orders, for it is clear that before the end of the fifteenth century the Augustinian Canons had been replaced by Franciscan Friars. The closing of the cave on Saints' Island also meant the end of visits to the purgatory on the heroic or fantastic scale, either because such visits were no longer fashionable or because the smaller cave was not as fearful and spectacular as the other one. The end of the cave on Station Island came in 1632, when it was destroyed by Bishop Spottiswoode, Protestant Bishop of Clogher. Shortly before he had it demolished, Spottiswoode visited the cave and described it as 'a poor beggarly hole, made with some stones, laid together with men's hands without any great art: and after covered with earth such as husbandmen make to keep a few hogs from the rain'.[6] But, of course, Spottiswoode was describing the wrong cave. The one which has passed into history and literature, becoming the source of one of the most enduring legends of the Middle Ages, still remained in 1932 'immured in ruin and moss and guarded by hoary thorn trees, the epitome of beautiful desolation'.[7] When on 28 August 1981, I visited Saints' Island, the remains of the stone causeway that connected it with the mainland were still plainly visible, both on the lakeshore and on the island end. About a year before my visit some sheep had been taken to the island and, thanks to their grazing, the ruins of at least two rectangular buildings up to a height of one metre are now visible. Scattered around are also the remains of what must have been a graveyard. Nowhere, however, were there signs of a cave, except perhaps a clump of very low trees at one end of the island, under which one can see some flat stones.[8]

One of the earliest and most influential sources of the legend of St Patrick's purgatory is the 'vision' of Knight Owen. Its immediate ancestor was the 'vision' of Tundal, composed in 1149 by an Irish monk from the town of Cashel named Marcus. According to Marcus, Tundal was a young Irish nobleman, skilled in the art of war, who had unfortunately neglected his soul's salvation. While visiting a friend in Cork, Tundal fell ill and lay, apparently dead, for three full days. When he was finally restored to life, he related a vision he had had in which he saw his soul leave his body and visit the infernal regions. There his soul was threatened by devils, forced to go across a narrow bridge over a lake and seized with fiery pincers by demons. At the end of this horrifying journey his soul was granted a vision of St Patrick in full glory.[9]

Most of the important elements in the vision of Tundal were later incorporated by Henry of Saltrey into his written version of Knight Owen's experiences in St Patrick's purgatory. According to Shane Leslie, Knight Owen was not a historical character; he was a literary creation, based on one of the Knights of the Round Table. This Knight, called Ywain or Evain, the son of Uriens, appears in the myth of Ywain and Gawain, a version of which was translated into English from Chrestien de Troyes's *Chevalier au Lion*. Ywain was a good candidate to do penance in St Patrick's purgatory, for he had not only killed the husband of the lady he loved but also deserted her afterwards.[10]

Another author, St John D. Seymour, appears to believe, on the other hand, that Knight Owen was a historical figure, and that he 'visited the purgatory in 1153. This date may be assumed to be historical'.[11] According to him, after visiting the purgatory, Owen journeyed to the Holy Land before returning again to Ireland. Some time after his return, his services as an interpreter were required when Gilbert, an English monk who did not understand the language of the Irish, came to Ireland to help an Irish king to build a monastery. Owen and Gilbert lived together for two and a half years, during which time the Knight presumably related the story of his experiences in the purgatory to the English monk. In 1159, Gilbert returned to England as Abbot of Basingwerk, and retold Knight Owen's story to groups of selected friends. Among these was Henry, a monk of Saltrey in Huntingdonshire.[12]

Both versions of Owen's story have been exhaustively reviewed by Robert Easting, who concludes that Owen was indeed a historical figure.[13] Henry of Saltrey committed to writing the story that he had heard from Gilbert around 1190. The work soon became a Medieval 'bestseller'. R. Verdeyen and J. Endepols refer in their *Tondalus' Visioen en St Patricius' Vagevuur* to translations into French, Breton, Castilian, Catalan, Italian, English, German, Swedish, Polish, Czech, Hungarian and Dutch.[14] The story is as follows: While visiting his parents in Ireland, Owen recalls the many sins he has committed, repents, and resolves to do penance in the purgatory. When he first enters the cave he finds himself in complete darkness, but it soon begins to grow lighter (cf. ll. 2896-2911 of the present edition). Sometime later, he arrives at an open plain enclosed by pillars where he is met by fifteen men dressed as monks (cf. ll. 2931-40). The men warn him against the devils who will endeavour to seduce him, and advise him to invoke the name of Jesus if he should find himself in danger (cf. ll. 2941-50). Shortly afterwards, some demons appear and proceed to drag him by iron hooks through a fire. Among the many varied and refined torments which he is shown during his sojourn through hell and purgatory, Knight Owen sees a great multitude of people fixed to the ground by red-hot nails driven through their hands and feet (cf. ll. 3008-21). After visiting several plains of punishment, the devils finally take him to a broad fiery river, spanned by a narrow bridge, which he must cross. He succeeds by invoking the name of Jesus (cf. ll. 3115-46). The narrative ends with a description of the entrance to Paradise, where Owen is met by ecclesiastics of every rank.[15]

Saltrey's account of the adventures of Knight Owen has only survived in copies, some of which contain apocryphal interpolations. From the original

Latin, it passed into Old English and Old French. Marie de France, the Muse of the Troubadours, translated it into French rhyming lay with the title of *L'Espurgatoire de Seint Patriz*.[16] Historians helped to spread the fame of the purgatory still further.[17] Jocelyn of Furness makes no reference to Lough Derg in his famous *Life of Saint Patrick* (1185), but, alluding to Croag Patrick, he states that 'some who have spent the night there record that they suffered the most grievous tortures, which they believe have cleansed them from their sins, whence some of them call that place the purgatory of Saint Patrick'.[18]

Two manuscript copies of Henry of Saltrey's work are preserved in Spain. The first, an early thirteenth-century version composed in Latin, comprises fols 122v-127v of MS 9.783 in the Biblioteca Nacional of Madrid; the second, held by the Escorial Library (MS I. I. 12, fols 193v-204v), appears to be closely related to the manuscript used by Marie de France. A Catalan translation was made in 1320 by Fr. Ramón Rus de Tárrega, and the Library of Toledo possesses an early fourteenth-century Castilian version.[19] The story of Knight Owen's visit to Lough Derg in remote Ireland was, therefore, well known in Spain by the fourteenth century, when a Catalan nobleman called Ramón de Perellós decided to emulate the exploits of the mythical Irishman.

Ramón de Perellós was brought up at the court of Charles V of France (1364-1380), but, after the death of this monarch, went to serve in the court of John I of Aragón (1387-1395).[20] On 26 May 1389, King John appointed him Captain General of the Roussillon and entrusted him with the task of defending the county against foreign invasion.[21] In 1397, two years after the death of his Aragonese monarch, Perellós set out on his journey to the Irish shrine. He returned to Catalonia in 1398 and shortly afterwards wrote an account of his adventures en route, including his impressions of the Irish and his experiences in the purgatory, among which he described an interview with the spirit of King John. Despite the wealth of detail concerning King O'Neill, his court, and the customs, dress and eating and drinking habits of the Irish included in his narrative,[22] it seems certain that Perellós never ventured beyond the Pale.[23] The account of his experiences in the purgatory is, in MacBride's words, 'nothing more nor less than a cool self-arrogation of the adventures of Knight Owen'.[24]

Perellós's story survives in two Provençal manuscripts: the first is kept in Toulouse and was published by A. Jeanroy and A. A. Vignaux in 1903;[25] the second was described in 1956 by C. Brunel.[26] Other extant manuscripts of Perellós's journey are: a Catalan incunable of 1486; a Castilian seventeenth-century MS, probably derived from the Catalan incunable; a Catalan MS dated 1486 and preserved in the Escorial Library; a Castilian MS transcribed by Francisco de Ojeda in 1544 and kept in the Biblioteca Nacional of Madrid (MS 10.824); and a Castilian MS, copied early in the seventeenth century and held also by the Biblioteca Nacional of Madrid (MS 11.087). According to MacBride, this last manuscript served as the basis for Philip O'Sullevan Beare's description of St Patrick's purgatory,[27] upon which I shall comment next.

Philip O'Sullevan Beare was born in Ireland but went to Spain at an early age in 1602. He lived there for most of his adult life, eventually holding a commission in the Spanish navy.[28] His account of the purgatory was written in Latin and formed part of his *Historiæ Catholicæ Iberniæ Compendium*, published in Lisbon in 1621. As Victor Dixon has shown, O'Sullevan's book was one of the three main sources used by Juan Pérez de Montalbán for his *Vida y purgatorio de San Patricio*, upon which Calderón's *El purgatorio de San Patricio* is clearly based. Montalbán's two other sources were the *Florilegium Insulæ Sanctorum* (Paris, 1624) by Thomas Messingham, Superior of the Irish College in Paris, and Fr. Dimas Serpi's *Tratado del Purgatorio* (Lisbon, 1617). Messingham's book contains not only a description of the purgatory, but also a life of St Patrick derived from Jocelyn of Furness's biography of the saint. According to Dixon, the first chapter of Montalbán's novel is simply a condensation of Messingham's version of St Patrick's life; for his Chapter II, 'Trátase de algunas particularidades del alma, para entender mejor el purgatorio de San Patricio', Montalbán drew on his own theological studies and on Serpi's book; Chapters III-IV deal with the purgatory and are also derived from Messingham's own account; Chapter VI tells the story of Ludovico Enio, a literary creation of Montalbán's partly based on Messingham's Knight Owen and partly on O'Sullevan's Perellós; finally, for Chapters VII-IX, which contain the description of Ludovico's experiences in the purgatory, he is indebted to both Messingham and O'Sullevan.[29]

This, then, is the textual history of one of the lines of transmission of the legend of St Patrick's purgatory, the one that leads through Montalbán's novel directly to Calderón's play. For as Entenza de Solare, M. G. Profeti and Victor Dixon have amply proved, Calderón based his *El purgatorio de San Patricio* exclusively on Montalbán's *Vida y purgatorio*.[30] He did not really need to resort to any other available source, for his intention was not to produce a work of scholarship. What Calderón attempted to do was to dramatize, and thus make accessible to a much larger audience, an already famous novel. To a large extent, his task resembles that of a modern author trying to adapt a bestseller for television. Except that, unlike his modern counterpart, Calderón did not labour under the constraint of having to remain faithful, in content or spirit, to his source. Thus, he appropriated from Montalbán's book all that he considered dramatically useful, while, at the same time, feeling free to add new episodes, incidents, and characters, and to enhance or discard old ones.

Calderón's most direct borrowings from his source are the three long narratives which, in the opinion of some critics, mar his play: the stories of Patricio and Ludovico in Act I, and the description of the latter's experiences in the purgatory in Act III. He is also indebted to Montalbán for some aspects of the theo-logical discussion on the subject of the afterlife in Act II, but, as M. G. Profeti has noted, 'el texto de Montalbán es seguido más puntualmente en la parte donde se habla del Purgatorio propiamente dicho; en las otras argumentaciones Calderón manifiesta su propia doctrina, que excede indudablemente a la de la fuente'.[31] The rest of the play is Calderón's. Here and there he takes from his source a phrase or a detail which he uses as a point of departure for an incident or a whole episode, or even for a character. The character of King Egerio, for example, is based partly on the master Patricio served while on captivity ('un príncipe de aquella isla')[32] and partly on Montalbán's King Leogario, who, al-though originally opposed to the spread of Christianity, ends up among Patri-cio's converts. One of the climactic events in Calderón's play, Polonia's resur-rection, has its origins in a passing reference in Montalbán's novel to the fact that Patricio continued his ministry on other islands 'ya sanando dolientes, ya re-sucitando muertos, ya reduziendo hereges' (p. 114). Likewise with Egerio's dream with which Calderón's play opens: according to Profeti, 'el motivo que aparecía de manera marginal y episódica en [Montalbán] [...] tiene ahora la fun-ción de elemento de *suspense,* destinado a convertirse en uno de los fundamen-tales de la traza'.[33]

Even in those sections where he leans most heavily on his source, Calderón still manages to give Montalbán's narrative a different slant. For example, in Ludovico's account of his life and misdeeds, we find that Calderón makes his crimes, in Entenza de Solare's phrase, 'más caballerescos' than those of Montalbán's creation. Calderón's Ludovico never stoops to stealing jewels from a convent, or to murdering someone for money. His crimes are heinous, but they are not vulgar; he is a gentleman, not a delinquent. In short, we may con-clude with Entenza de Solare that 'Calderón no se limitó [...] a dar forma dramática a los materiales que tomó de Montalbán; los utilizó libremente como punto de partida para una original obra de creación'.[34]

2 *Date of composition*

Juan Pérez de Montalbán's *Vida y purgatorio de San Patricio* was published for the first time in Madrid in 1627. This little *novela a lo divino* became an instant bestseller, as attested by the fact that its fifth edition was printed the year after the appearance of the *editio princeps*. In her modern critical edition of Montalbán's novel, Maria Grazia Profeti lists some twenty-seven different editions in Span-ish, and finds references to a further twenty-two, now lost.[35] The book was translated into French (in 1637 and 1642), Dutch (1668), Portuguese (1738), and Italian (1757).[36] According to Victor Dixon, one of the French translations was repeatedly reprinted.[37] Soon after publication, the novel was twice adapted for the stage. The first adaptation, probably bearing the title of *El mayor prodigio y purgatorio en la vida*, has been attributed to Lope de Vega by Maria Grazia Profeti in her recent critical edition of the play;[38] the second is Calderón's *El purgatorio de San Patricio*. Calderón's play was first published in 1636 in the *Primera parte de comedias de Don Pedro Calderón de la Barca* by the author's own brother, José.[39] An analysis of its verse pattern led H. W. Hilborn to the conclusion that it had been composed in 1634, two years before publication.[40] More reliable evidence, however, points to an earlier date of composition.

On 8 September 1627, Dr Ortuño de Chavarría, a native of Toledo, addressed a six-page *censura* of the *Vida y purgatorio de San Patricio* to its author, Montalbán. Victor Dixon, who is the first to have studied this curious document, thinks that it was 'a private communication rather than a satire for circulation'.[41] The main purpose of Ortuño's epistle seems to have been to draw Montalbán's attention to some anachronisms and inconsistencies in the text of his novel. The first of these is a reference to certain 'tiestos de pintada talabera', which Ludovico Enio allegedly saw in Paradise;[42] the second concerns Patricio's sisters who, through some oversight on Montalbán's part, appear to have been conceived after his parents took a vow of chastity; the third refers to a hermit, whom Patricio saw praying a rosary long before the invention of this religious practice;[43] the fourth is the assertion that the Irish saint died during the reigns of Charles VIII of France (1483-1498) and Ferdinand of Aragón (1479-1516), when in fact he was born over a thousand years before these monarchs; the fifth concerns Montalbán's declaration that the town of Perpignan belonged to France; the sixth has to do with a sermon, delivered in Rome by a Jesuit some ten centuries before the foundation of the Society of Jesus; and the seventh refers to a non-existent King Stephen of France, under whom Ludovico had supposedly served in the wars against the English.[44] Montalbán seems to have heeded Ortuño's advice, for, in the 1628 'quinta impressión emendado y añadido por el mismo autor', we find the following variants:[45] Patricio's sisters are said to have been born before his parents took the vow of chastity (p. 102); Charles VIII of France and Ferdinand of Aragón have become 'Clodoueo de Francia, y de los Godos Alarico' (p. 117); Perpignan has changed to Tolosa (p. 137); the king of France is no longer named (p. 142); the Jesuit has become 'un religioso de la Orden de predicadores' (p. 145); and the Talavera vases are now 'tiestos de plata labrada' (p. 165).

Of Montalbán's seven blunders, two are reproduced by Calderón in one of the extant versions of his play. On fol. 8v of MS Res. 89 of *El purgatorio de San Patricio* in the Biblioteca Nacional of Madrid we read that Ludovico's father arrived at Perpignan 'vn pueblo / de francia', and on fol. 9v that Ludovico served 'debajo del gobierno / de estefano rrei frances'. The mistake about Perpignan was subsequently corrected in the text of the *Primera parte*, although not in the same way in which Montalbán had corrected it (see l. 444 of the present edition). On the other hand, the non-existent French King Stephen still figures in the *Primera parte* (fol. G7v, col. b; see l. 482 of this edition). Both these readings show that Calderón had been using a copy of one of the first four editions of Montalbán's book as the basis for his play. This does not necessarily imply, however, that the play was composed before 1628, although it makes a date of composition after 1628 rather improbable.

Two other pieces of evidence confirm that the date of composition should be set shortly after the publication of Montalbán's book. In 1628, the treasurer of the General Hospital of Valencia received from the *autor* (actor-manager) Jerónimo de Amella a certain number of manuscripts of plays as security for a debt. Among them was one entitled *El purgatorio de San Patricio*.[46] Although in Amella's list the play is attributed to Mira de Amescua, there is no doubt that, as E. Cotarelo y Mori realized, this was a reference to Calderón's play.[47] The second item of evidence establishes conclusively that the play was performed in 1628. In the *Cancionero de 1628* there is a poem that bears the dedication 'A María de Córdoba, en la Comedia de San Patricio'.[48] María de Córdoba was still married in 1628 to Andrés de la Vega, the *autor* whose company, according to the editor of Calderón's *Primera parte*, had staged the play.[49] The 'Comedia de San Patricio' in the dedication of the poem can only refer to Calderón's play. Its only other possible rival is *El mayor prodigio y purgatorio en la vida*, but as the words 'San Patricio' do not appear in its title and the saint plays a minimal role in this play, we can rule it out. Moreover, the words 'tú hiciste penitencia' and 'dama y fiera', addressed to María de Córdoba in the *Cancionero* piece, can only allude to the character of Polonia in Calderón's play. We must therefore conclude that *El purgatorio de San Patricio* was composed by Calderón late in 1627 or during the first half of 1628.

3 El purgatorio de San Patricio: *An Interpretation*

El purgatorio de San Patricio is one of Calderón's earliest plays.[50] Yet, according to George Ticknor, it was 'commonly ranked among the best religious plays of the Spanish theatre in the seventeenth century'. One gets the distinct impression, however, that the distinguished American critic did not really know why such praise should be accorded to this play: he thought it 'remarkable', but found very little to applaud in it; on the other hand, he declared that there was 'much in it that would be grotesque and unseemly under any system of faith', and that it contained 'some wearying metaphysics'.[51] Menéndez Pelayo, another early critic of *El purgatorio,* detected in Ludovico's narration of his experiences in the afterlife (Act III) 'algunos rasgos dantescos, felizmente traídos a nuestra lengua y encerrados en vehemente frase', but, apparently thinking that the play was about the character of this great sinner, he found its action, not surprisingly, 'desconcertada e imposible, por el mismo anhelo de querer convertir a Ludovico en un malvado gigantesco'.[52] In 1936, Patrick MacBride observed in his article on 'Saint Patrick's Purgatory in Spanish Literature' that the play 'has been acclaimed as his [Calderón's] finest mystical work', later affirming that he himself considered it 'the masterpiece of the whole legend cycle in Spanish literature'.[53] But, yet again, no reasons are given for such commendation. In his *Historia de la literatura española,* Angel Valbuena Prat stated somewhat more cautiously that he found 'grandes bellezas formales en toda la obra, junto a un arte de paralelismos que anuncia el sistema del poeta en su madurez'.[54] Surprisingly, in view of the comments quoted above, Charles V. Aubrun believes that in *El purgatorio de San Patricio* 'el catolicismo del que se hace paladín [Calderón] está singularmente desprovisto de espíritu evangélico'.[55] Far from this being the case, I hope to show in this section that the play is precisely about the evangelization of a people. Following Menéndez Pelayo, Juan Luis Alborg makes the mistake of concentrating almost exclusively on the character of Ludovico Enio; according to him, Calderón's creation is simply 'otro de esos monstruos de maldad en los que se recargan las tintas y amontonan todo género de horrores hasta hacerlos inverosímiles'.[56] Although finding that the 'setting of much of the play is strange and farouche', Margaret Wilson very perceptively saw it as 'a device whereby Calderón can present as happening on earth events which allegorize the death and purgation of a sinful believer'.[57] The problem is that this aspect of the play concerns only its third act; how do we account for the other two acts? A more fruitful approach is that adopted by Beatriz Entenza de Solare who, after comparing *El purgatorio* with its source, Montalbán's *Vida y purgatorio,* concludes that 'Calderón creó un drama de sólida estructura partiendo de dos grupos de materiales inconexos, a los que consiguió dar unidad perfecta'.[58] Angel Valbuena Briones, on the other hand, sees the play as composed of 'una rica gama de oposiciones cuidadosamente perfiladas, una urdimbre estilística basada en ella, un juego de contrastes y paralelismos que denotan el arte barroco del autor'.[59] Having, for her part, compared Calderón's play with *El mayor prodigio,* attributed to Lope, Maria G. Profeti concludes that the theme of the former is 'la lucha entre las opuestas fuerzas que rigen la vida y se presentan con tanta urgencia y tan insistentemente en los autos: Bien y Mal'.[60] Finally, Victor Dixon, who finds Calderón's play a 'much more arrestingly imaginative play' than the one attributed to Lope, believes that its author had managed to lend 'a surprising degree of unity and coherence as well as dramatic impact to the disparate *materia*'.[61]

My first concern in this section will be to establish how Calderón achieved that formal unity which both Entenza de Solare and Victor Dixon perceive in the play; that is, I shall be searching for 'whatever *abstractable* principle most adequately expresses the integrative power of the artistic form'.[62] Formal unity, however, is often in the eye of the beholder, and different readers have, as we know, different ways of looking for unity of form in a particular text. Moreover, according to Charles Morgan, 'in a play form is not valuable *in itself*; only the suspense of form has value. In a play, form is not and cannot be valuable in itself, because until the play is over form does not exist'.[63] It is therefore only after the bizarre chain of events that make up the plot of *El purgatorio de San Patricio* is completed that a reader or spectator can try to make sense of it by searching for a central idea or formal principle that will account for the wholeness of the text. While the performance or the act of reading is in progress, the interest of the spectator or reader is held by the intrinsic value of certain dramatic moments in the play and by the expectation of, and the search for, the form that will justify the very presence of those dramatic moments. Once the play is over, however, the spectator or reader with an enquiring mind will try to derive a meaning from the series of events that he or she has just witnessed. Sometimes this is not an easy task, especially if one is dealing with a play written and performed over three-and-a-half centuries ago. We know little about the different ideologies of the motley crowd that assembled in the *corrales*. Yet interpretation, and with it the unity of the work, is inevitably dependent on 'ideology', a term which is not to be restricted solely to conscious political or religious doctrines. We know even less about the conventions of acting or staging to which the seventeenth-century spectators were accustomed. But acting and staging can, as experience shows, impose a particular meaning on a play.[64] All that the modern critic can therefore do is to attempt to reconstruct in an inevitably imperfect way what he supposes to have been both the ideology of an average seventeenth-century spectator and the staging conditions of the *corrales* in order to produce an interpretation that will persuade other modern critics and readers of the existence of a certain formal unity in the text being analyzed. My interpretation, only one among many other possible interpretations, will, I hope, show that *El purgatorio de San Patricio* should indeed be ranked among the best religious plays of the seventeenth century, because, far from being a simple hagiography, or yet another tale of a great sinner who repents and attains salvation, it is first and foremost a religious play; that is, one whose main aim is to speculate on the meaning and significance of certain fundamental aspects of the Christian faith.

* * *

As both Angel Valbuena Briones and Victor F. Dixon have pointed out, the central idea that binds together the disparate elements of *El purgatorio de San Patricio* is the saint's evangelization of the Irish people.[65] The text of the play shows that Patricio achieved the conversion of the Irish people in three main ways: through the example of his life and the miracles he performed; with the aid of reason to explain the mysteries of the Christian faith; and by the miraculous creation of the purgatory of Lough Derg. The first aspect of Patricio's ministry is dealt with in the first half of the play, where we not only hear of his early life and thaumaturgical powers, but actually witness the performance of one of his miracles on stage; the second is telescoped into the theological discussion which he holds with King Egerio in the middle of Act II, in the course of which the saint endeavours to prove the immortality of the soul and the existence of reward and punishment in the hereafter; and the third (in the form of Ludovico's narration of his experiences in the purgatory) encompasses most of the third act and supplies not only the irrefutable and definitive proof of the existence of hell and purgatory, but also, and more importantly, an explanation of how faith can lead to a full understanding of the mysteries of the Christian religion. The play may therefore be seen as a sort of extended homily,[66] as a species of sermon comprising three well-defined parts: an exemplum (the life of Patricio), an exposition of some fundamental tenets of the Christian faith, and a final, practical demonstration of the veracity of these religious truths as experienced in the cave of Lough Derg.

On another level, the play may be considered to be a dramatic illustration of St Augustine's ideas on religious epistemology. St Augustine, probably the single most important influence in the shaping of Calderón's religious thought,[67] believed that there are two sources of religious knowledge: authority and reason, but only one way of acquiring a full understanding of the mysteries of the Christian faith: Divine Illumination. As we shall see, *El purgatorio de San Patricio* provides a striking illustration of the role played by authority, reason and Divine Illumination in the evangelization of the Irish people.

By authority, St Augustine partly meant the prestige which, by dint of the example of his life and works, the evangelist must possess in the eyes of the people before he can hope to impart effectively his message of salvation. Without this authority, the use of reason, a necessary preamble to the act of faith, will prove to be inefficacious. As St Augustine puts it, 'those things which are beyond our senses are believed if the testimony about them seems fitting';[68] in other words, 'the essential character of faith is that the only motive for believing be a witness, but a trustworthy witness'.[69] In accordance with this, the first half of the play is devoted to the presentation of Patricio's credentials, for faith requires certain testimonials which 'once they are seen, lead us to believe what we do not see'.[70] The presentation of Patricio's credentials takes two forms: a positive analogy with the life of Christ, and a negative one with the lives and thoughts of the pagan characters in the play and of Ludovico, a Christian in name but a pagan in deeds and attitudes. Once his authority as a witness has been established, Patricio can go on to a reasoned and logical exposition of some of the mysteries of the Christian faith. He concentrates on two, the two most directly relevant to the pagan Irish: the immortality of the soul, and the existence of reward and punishment in the hereafter. Supported by Patricio's authority, these Christian truths are accepted by the Irish, who convert to Christianity. But acceptance does not imply understanding. Full understanding can only be gained with the aid of Divine Illumination. According to Portalié, St Augustine believed that 'our soul cannot attain to intellectual truth without a mysterious influence of God which does not consist in the objective manifestation of God to us, but in the effective production of a kind of image in our soul of those truths which determine our knowledge'; and these truths are contemplated 'in some sort of incorporeal light of a special kind just as the bodily eye sees the objects which surround it in its corporeal light'.[71] As we shall see, Ludovico's vision in the purgatory is, in a sense, an image imprinted by God in his soul, which, bathed in a special and incorporeal light, leads him to a deeper perception and comprehension of the mysteries of the hereafter; in other words, Ludovico's long narration of his experiences in the purgatory may be seen as an illustration of the Augustinian phenomenon of Divine Illumination, thus completing the process that man must undergo in his quest for an understanding of the mysteries of the Christian faith.

El purgatorio de San Patricio may, therefore, be considered a dramatic illustration of some specific theological principles, a religious drama, but one which has been given a sophisticated literary treatment. Indeed, the elucidation of the meaning of the play can be accomplished only through an awareness of Calderón's use of imagery, symbolism, allusion, and of the system of parallels and contrasts built into the play, that is, through an awareness of some of the techniques available to a poet; for, as Bruce W. Wardropper pointed out long ago, Calderón is 'first and foremost a dramatic poet—rather than a dramatist who has chosen to write in verse'.[72] This means that poetry and drama are inextricably linked in his plays, and also that the theological and philosophical ideas which many of them embody are there primarily at the service of his own dramatic and poetic ends, and not the other way round. As A. A. Parker showed in his seminal study on the sacramental plays, the general framework of Calderón's theology is Augustinian,[73] but we should beware of viewing his plays as commentaries or exegeses on the ideas of St Augustine. We must assume that Calderón was attracted to certain theological ideas because of their intrinsic poetic or dramatic potential; and that, although basically sound and correct, his treatment of these ideas is necessarily poetic. He was interested in poetic truth and the dramatic impact it might have on his audience, rather than in theological or philosophical accuracy. In some of his most successful creations poetic drama and theology complement each other to form a harmonious whole: one such creation is *El purgatorio de San Patricio*.

* * *

As stated above, Calderón devotes the first half of *El purgatorio de San Patricio* to an account of the life and miracles of the Irish saint. Patricio's life, however, is not presented in isolation; it is compared and contrasted at every point with the lives, attitudes and beliefs of the other characters in the play. Since, with the exception of Ludovico, all these characters are pagan, what Calderón is effectively offering his audience is a negative analogy between the pagan and Christian views of life. Ludovico plays an important role in this analogical confrontation, for, as a Christian who has turned his back on God, he finds himself situated somewhere between the extreme attitudes of the saintly Patricio and the pagan King Egerio. Like Patricio, Ludovico believes in the Christian God and is ready to sacrifice his life in defence of the Christian faith (see ll. 402-6 of the present edition); unlike Patricio, however, he is a man who lives 'sin ley ni Dios' (l. 1471 and also l. 525).

Critics have remarked on the fact that Calderón intended Ludovico to provide a perfect antithesis to Patricio.[74] Their first words on entering the stage confirm this view: '¡Válgame Dios!—¡Válgame el diablo!' (l. 141). But just as important is the parallel that can be established between the characters of Ludovico and King Egerio. The former's angry words at the beginning of Act II offer an echo of Egerio's words at the beginning of the play. When, enraged by the prophetic dream, Egerio attempts to hurl himself into the sea, he claims that he suffers 'todo el tormento eterno / de las sedientas furias del infierno' (ll. 11-12), and later declares that

> Tanto pudo el dolor enajenarme
> de mí, que ya sospecho
> que es Etna el corazón, volcán el pecho. (ll. 70-72)

For his part, having been slapped by Filipo, Ludovico says that he suffers

> Un tormento eterno
> una desdicha, una injuria,
> una pena y una furia
> desatada del infierno. (ll. 1172-75)

and wonders

> ¿Cómo, a tantos desconsuelos,
> no tomo satisfación,
> cuando mis entrañas son
> volcanes y mongibelos?   (ll. 1168-71)

And like Egerio, impelled by his anger, he also attempts to hurl himself into, in his case, a figurative sea:

> Desesperado,
> en roja sangre bañado,
> pienso proceder un mar,
> por donde pueda pasar
> buscando a Filipo a nado.   (ll. 1187-91)

Both Egerio and Ludovico are men dominated by their instincts and passions, especially anger, and it is therefore not surprising that they should express themselves through very similar images. After listening to the narration of Ludovico's misdeeds, Egerio recognizes a certain affinity with him and elevates him to his *privanza* while, at the same time, consigning Patricio to work in the fields as a slave. The parallel between Egerio and Ludovico serves to show that a Christian who turns his back on the laws of God is no better than a pagan, thus making the negative analogy between the pagan and Christian world-views relevant to a seventeenth-century audience.

    In contrast to the pagan Egerio and the unchristian Ludovico, Patricio is presented as the epitome of the perfect Christian saint. First of all, he appears as a Christ-figure. The account of his life and miracles is dotted with allusions to the life and miracles of Jesus. Like Jesus, Patricio raises the dead, restores sight to the blind, commands the elements,[75] and is totally submissive to the will of God. Echoes of Christ's crucifixion and of the physical disturbances which followed his death may be detected in an episode of Patricio's life. According to Egerio, having been condemned to death, Patricio

> se ha librado
> con escándalo tan fiero,
> que ya atado en un madero
> estaba, cuando la tierra
> —que tantos muertos encierra
> en sus entrañas—tembló,
> gimió el aire, y se eclipsó
> el sol, que en sangrienta guerra
>   no quiso dar a la luna
> luz, que en su faz resplandece;   (ll. 1204-13)

Patricio's most outstanding features correspond to the three attributes of the Trinity: Power, Wisdom and Love.[76] He is humble in recognizing his inferiority in the face of the Power of God; he is submissive to the divine will; and he is obedient to the laws of an all-loving God. As Victor Dixon has noted, for Patricio 'all creation is […] a manifestation of the omnipotence of the First Cause; its apparent contradictions are subsumed in a harmonious order and inscrutable purpose, are the complex workings of a Providence of which he is the assured and submissive instrument'.[77] In contrast to him, both Egerio and Ludovico are proud, rebellious and disobedient. At one point, Egerio is actually heard issuing a challenge to Patricio's God: 'La honra de tu Dios te va, / dile a El que la defienda' (ll. 1868-69). For his part, in seducing a nun, Ludovico, as he himself recognizes, is committing adultery against God (ll. 589-90). Their refusal to submit to the dictates of the divine will is made manifest by their violent outbursts against the heavens, while their rejection of Patricio's divinely inspired teachings is evidence of their disobedience and contempt for divine law. Free from the constraints of Christian morality, Egerio and Ludovico are driven by their passions and instincts, destructive forces in a precariously balanced world.

But the essentially polarized views of a pagan and a Christian are best illustrated by their different attitudes to Fate.[78] Basically, for a Calderonian pagan the vagaries of Fortune obey no discernible purpose. Fate is, for him, an apparently meaningless force that feeds on the suffering of Mankind. It operates through the four elements and the telluric forces of Nature, and strikes without warning. Pagan man in a Calderonian drama is forever at the mercy of the inconstant sea (ll. 885-88), the blind fury of wind and rain, the unyielding earth, and the destructive force of lightning and fire. By contrast, the Christian in his plays sees Fate and Fortune as manifestations of the will of a just God. As Zacarías says in *La exaltación de la cruz*,

> Dios solo,
> infinitamente sabio,
> reparte males y bienes,
> sin que nosotros sepamos
> aprovecharnos del bien
> ni del mal aprovecharnos;
> siendo así que bien y mal
> todo viene de su mano
> para nuestro bien, supuesto
> que aunque no lo conozcamos
> viene el mal como castigo,
> viene el bien como regalo. (*O.C.*, I, 995a)

One of the clearest demonstrations of the fact that Fate is simply an expression of God's will is Calderón's use of dramatic irony. In his religious plays, dramatic irony becomes, in Bruce Wardropper's phrase, cosmic irony;[79] that is, the prophetic meaning of certain words, unsuspected by the characters who utter

them, becomes ironic in a cosmic sense when its fulfilment is seen by the audience to have been part of God's design. For example, the survival of Ludovico
and Patricio, which is regarded by Polonia as a manifestation of the power of
Fate, turns out to be the means chosen by God to set in motion a series of events
which will culminate in the conversion of the Irish. Polonia's impossible condi-
tion,

> si el quemarme yo
> es imaginar que pueda
> ser cristiana, es imposible
> tan grande como que vuelva
> yo misma segunda vez
> a vivir después de muerta. (ll. 380-85)

will be fulfilled to the letter, helping to bring about not only her own conversion
but also that of the Irish people.

Another important aspect of the dichotomy between the world views of Patricio and the pagan characters in the play concerns their different attitudes towards
the elements. This is best appreciated through an analysis of their various re-
sponses to the storm that sinks Filipo's ship at the beginning of Act I. The first
to react is Lesbia, who describes the event in the following words:

> el mar alterado,
> en piélagos de montes levantado,
> riza la altiva frente,
> y sañudo Neptuno,
> parece que, importuno,
> turbó la faz y sacudió el tridente.
> Tormenta el marinero se presuma,
> que se atreven al cielo
> montes de sal, pirámides de yelo,
> torres de nieve, alcázares de espuma. (ll. 82-91)

As we can see, Lesbia describes the storm in terms of a conflict between the sea
and the *cielo* (both heavens and sky). The conflict is seen as a war, started by
Neptune who has dared to issue a challenge to the heavens or the sky. Words
such as 'torres' and 'alcázares' contribute to this impression, while the mention
of 'montes' and 'pirámides' emphasize the temerity and presumptuousness of
the attack.

The second character to respond to the storm is Polonia, and once again the
same view prevails. She begins by calling the sea 'esa inconstante Babilonia, /
que al cielo se levanta' (ll. 93-94), and then proceeds to describe how the wind,
having been freed from its prison by 'el dios de los vientos' (l. 103), assails the
ship 'sin ley y sin aviso' (l. 105). Another element, another god has now joined

the battle, and this time there does not appear to exist any purpose behind its action. Unstable by nature, the elements are wont to behave in this capricious and destructive manner. Conflict and purposelessness permeate the pagan view of the forces of nature.

In direct contrast, Patricio describes the same storm as follows:

> ¡Oh, cuánto,
> ignorante, el hombre yerra,
> que, sin consultar a Dios,
> intentos suyos asienta!
> Dígalo en el mar Filipo,
> pues hoy, [...]
> vio en un punto, en un instante,
> sus presunciones deshechas;
> pues en sus cóncavos senos
> brama el viento, el mar se queja,
> montes sobre montes fueron
> las ondas, cuya eminencia
> moja el sol, porque pretende
> apagar sus luces bellas.   (ll. 300-15)

Rather than as a conflict between the warring elements, Patricio sees the storm as an attempt by God, working through the instruments of sea and wind, to humble man's pride. In a concerted effort, the wind makes the sea rise up not against the heavens, but against the sun, the symbol of royal power.

Patricio's view of the storm is shared by Ludovico:

> enojado el viento,
> nos amenazó crüel
> y nos castigó soberbio,
> haciendo en mares y montes
> tal estrago y tal esfuerzo,
> que éstos hicieron donaire
> de la soberbia de aquéllos.
> De trabucos de cristal
> combatidos sus cimientos,
> caducaron las ciudades
> vecinas, y por desprecio,
> tiraba el mar a la tierra,
> que es munición de sus senos,
> en sus nácares las perlas ...   (ll. 651-65)

As we can see, Ludovico also perceives the storm in terms of a war, waged by sea and wind against Man, his cities, and the land he inhabits.

As illustrated by Polonia and Lesbia, the pagan attitude towards the storm is, first of all, a reflection of their relationship with the natural world. If division, conflict and purposelessness are features of the universe they inhabit, it is because polytheistic paganism is by definition divisive, conflictive and purposeless. As Crisanto makes clear in *Los dos amantes del cielo*,[80] paganism means division:

> Júpiter, Neptuno
> y Plutón se dividieron,
> y el uno el cielo tomó
> para sí, el otro el infierno,
> y el mar el otro, dejando
> la tierra a Ceres, el tiempo
> a Saturno, a Venus el aire,
> y el fuego a Vulcano y Febo … (*OC*, I, p. 1072a)

A universe ruled by different gods, with different aims and passions, forever clashing among themselves, is the abode of a pagan in a Calderonian drama. In pagan cosmology, strife seems to be an end in itself. In direct contrast to this, the beginning of St John's Gospel stresses the oneness of the Christian God: 'In the beginning was the Word, and the Word was with God, and the Word was God'.

Man's relationship with the elements is clearly set out in Calderón's *auto* of *La vida es sueño*. Referring to Man, God tells the elements that

> Si procediere benigno,
> atento, prudente y cuerdo,
> obedecedlo y servidlo,
> durando en su vasallaje.
> Mas, si procediere altivo,
> soberbio y inobediente,
> no le conozcáis dominio,
> arrojadle de vosotros. (*OC*, III, p. 1392a)

El purgatorio de San Patricio demonstrates that the elements are indeed the servants of a truly Christian man.[81] When a flood threatened to wipe out his village, Patricio says that

> la señal de la cruz hice
> en las aguas y, suspensa
> la lengua, en nombre de Dios
> les mandé que se volvieran
> a su centro y, recogidas,
> dejaron la arena seca. (ll. 256-61)

Because he is himself a willing instrument at the hands of God, Patricio possesses the God-given power to command the elements. His total submission to the divine will is made evident even in the smallest detail. Describing his village, he says that it is situated 'en un monte, a quien el mar / ata con prisión estrecha' (ll. 180-81). His words provide a contrast with those that Leogario addresses Egerio at the beginning of the play

> Sal, señor, a la orilla
> del mar, que la cabeza crespa humilla
> al monte, que le da, para más pena,
> en prisión de cristal, cárcel de arena. (ll. 61-64)

The sea, perhaps the most important instrument entrusted with the execution of God's will on earth in Calderonian plays, is in a physical and figurative sense a reflection of the heavens.[82] When Patricio says that the mountain on which his village stands is guarded as a prison by the sea, he means that its inhabitants are the submissive subjects of the will of the heavens; for Leogario, on the other hand, it is the sea that humbly bows its head to the mountain which holds it at bay. In a very graphic way, these two images present the basically different attitudes of Paganism and Christianity. In Calderón's religious dramas, Christian man lives in harmony with nature because his will is one with the divine will; pagan man is at odds with his environment because he refuses to submit to the will of God as manifested, for example, through the sea.[83]

For Calderón's Christian characters, faith in the one God also means freedom from the fear of death. By contrast, for the pagan characters death is the end of everything. In Egerio's words, 'Aquí no sabemos más / que nacer y morir'. (ll. 1660-61). Since there is nothing before the cradle and nothing beyond the grave, the pagan characters see the world as an enormous sepulchre filled with corpses. Addressing the sea, Filipo exclaims:

> ¡Oh mar, al cielo atrevido!,
> ¿en qué entrañas han cabido
> las vidas que has sepultado? (ll. 797-99)

For her part, Polonia says that the depths of the sea are 'sepulcros de coral, tumbas de nieve' (l. 101), while Egerio refers to the earth as 'tierra / —que tantos muertos encierra' (ll. 1207-08). Even before death, the pagan character sees himself as a walking corpse, or as a dreamer whose dream resembles the dream of death (ll. 20-21).

Since death is the end of everything, there is nothing more precious to a pagan than his life. In a sentence designed to be contrasted with the sentiments of the men and women of honour who populate Spanish Golden-Age plays, Polonia sums up this attitude when she begs Ludovico, who is threatening to murder her: 'Lleva el honor y déjame la vida' (l. 1448).

Without knowledge of the afterlife, the pagan characters live for the day. Being reminded by Patricio of the fact that he is a Christian, Ludovico replies:

> Déjame gozar, Patricio,
> de los aplausos primero
> que me ofrece la fortuna.   (ll. 734-36)

Yet, as the lives of Ludovico and Polonia illustrate, Fortune can change with devastating speed, and physical beauty is subject to sublunary decay. Having discovered the lifeless body of Polonia lying on a tomb of roses, Filipo tells Egerio:

> Vuelve los ojos: verás
> destroncada la belleza,
> pálida y triste la flor,
> la hermosa llama deshecha;
> verás la beldad postrada,
> verás la hermosura incierta,
> y verás muerta a Polonia.   (ll. 1602-08)

For a Christian audience, both the flowers and Polonia's lifeless body are a *memento mori*, the visible proof of the transience of all physical beauty. But for the pagan Egerio, beauty and good fortune are ends in themselves, and he reacts to their disappearance with screams of defiance against the heavens: '¿Qué mano airada y violenta / levantó sangriento acero / contra divinas bellezas?' (ll. 1621-23).

Power, wealth and worldly honour are as subject to the changes wrought by Time as beauty is. As the second act opens, Ludovico is at the height of good fortune. Yet, within a short space of time, he finds himself stripped of all his dignities, his position, his power, and in prison under sentence of death, conclusive proof that, as he admits, 'no hay quien pueda / vencer la inconstante rueda [de la fortuna]' (ll. 1157-58). Even the eternal love that lovers plead is shown to be marked by vicissitudes. Allegedly in love with Filipo in Act I, Polonia elopes with Ludovico in Act II; supposedly in love with Polonia, Filipo pretends to love Locía in the first act, and marries Lesbia in the third.

Because of their materialistic world-view, when misfortune strikes, life ceases to have any meaning for the pagan characters. According to Filipo, King Egerio never 'con agrados escuchó / tragedias de la fortuna' (ll. 896-97). Unlike Patricio, who accepts with stoic resignation his enslavement and humiliation, Egerio does not know how to cope with life's reversals. This attitude explains his readiness to contemplate suicide as soon as he is faced with adversity (see l. 1624). When experiencing a dramatic change of fortune, Ludovico, the lapsed Christian who behaves in many respects like a pagan, also thinks of suicide, but then he checks himself, remembering that 'Cristiano soy, / alma tengo, y luz piadosa / de la fe' (ll. 1282-84). It is precisely this awareness of the soul's immortality and of the transience of worldly love, honour, wealth and power, that leads to the conversion of both Polonia and Ludovico. Both come face to face with the eternal and discover that the things of this earth are nothing but a fleeting shadow, 'una sombra caduca'. Their first reaction on discovering their true nature is one of shame. Polonia realizes that she has been an 'enemiga de mí misma' (l. 1710), and wishes to 'esconderme de tu vista / en el centro de la tierra' (ll. 1712-13). It is a sentiment echoed by Ludovico. Having seen himself as 'un muerto con alma', he entreats the heavens: 'escondedme de mí mismo, / y en el centro más remoto / me sepultad' (ll. 2405-07). Both have their wishes granted: she retires to do penance to a cave situated in the most remote part of the forest (ll. 2003-10) and he enters the purgatory.

By means of imagery, symbolism and allusion, by the creation of a system of contrasts and parallels between characters and between situations, the first half of *El purgatorio de San Patricio* succeeds in showing the superiority of the Christian philosophy of life, as expounded by Patricio, over the manifestly absurd and ultimately destructive outlook of the pagan characters. Thus the first objective of the dramatic sermon that is *El purgatorio* has been achieved: to establish the authority of Patricio so as to make the Irish people receptive to his religious message. Once the superiority of his view of life has been demonstrated, the way is paved for the acceptance of his message of salvation. All this is in accordance with St Augustine's belief that 'We are necessarily led to knowledge in two ways, by authority and reason. In time authority is first, but in reality reason precedes'.[84] Recognition of Patricio's authority cannot indeed be divorced from the intellectual realization that his view of life is more logical, more satisfying and more constructive than that of his pagan opponents. And this can only be achieved through an awareness of the existing system of contrasts and parallels built into the play.

Yet, the presentation of the pagan world in *El purgatorio de San Patricio* is not as one-sided as may appear at first sight. If the seventeenth-century audience could have temporarily forgotten all notions of absolute right and wrong, they would have realized that the picture Calderón paints of the pagan is a rather tragic one. For a modern reader or spectator, the Calderonian pagan may appear as a man living in a hostile world, in an existentialist hell, at the mercy of telluric forces which he is unable to control or understand. He exists in an universe blind to his suffering and deaf to his entreaties, in a changing and potentially dangerous world where reason alone does not suffice to discover an ordered system. In the blind fury of the elements he can only perceive chaos and antagonism. All he seems to know for certain is that existence is finite, and that is is preceded by and will end in nothingness. A world without purpose or design, full of pointless suffering and waste, is the peculiar abode of the pagan in

Calderón's religious dramas. Of course, as *El purgatorio de San Patricio* amply demonstrates, the solution to all his problems consists in embracing the religion taught by Patricio. But despite overwhelming evidence in favour of the superiority of the Christian way of life, King Egerio, for one, is unable to adopt that solution. The reason for his obduracy lies partly in his pride and partly in his background. Pride of spirit, which according to St Augustine is the great obstacle in the acquisition of truth,[85] undoubtedly plays an important part. His words at the beginning of the play confirm this:

> Dejad que desde aquella
> punta vecina al sol, que de una estrella
> corona su tocado,
> a las saladas ondas despeñado,
> baje quien tantas penas se apercibe: (ll. 3-7)

The sun, symbol of kingship, is crowned by a star, symbol of paganism.[86] From the height of his pride as a pagan king, the enraged Egerio attempts to hurl himself into, or perhaps in his blind fury even attack, the sea, the symbol and reflection of the heavens and the instrument chosen by God to bring Patricio to Ireland, and with him the eventual downfall of the Irish king.

But, to some extent, Egerio's background also accounts for his stubborn resistance. As he himself reminds his audience:

> Aquí no sabemos más
> que nacer y morir. Esta
> es la doctrina heredada
> en la natural escuela
> de nuestros padres.   (ll. 1661-64)

In embracing Christianity, Egerio would be rejecting the philosophy, such as it is, which he had inherited from his forefathers. What is required of him is the tremendous effort involved in transcending the only culture he knows and in repudiating the beliefs of his ancestors. We should also remember that, as king of the Irish, he is the defender and upholder of the particular ethos of his people. Can we blame him for trying to oppose Patricio, whose avowed intention is to destroy his culture? Egerio's tragic flaw is partly the traditional *hubris* of classical tragedy, and partly his inability to transcend his own background. In the company of many other Calderonian characters, he suffers from limited vision. If he could only see beyond his immediate environment and master his pride and his passions, the world would undoubtedly cease to be for him a prison and a labyrinth.[87] But with the exception of great sinners and great saints, very few Calderonian heroes possess the vision, the courage and the intelligence to transcend their own culture. Egerio's wasted life, his needless suffering in defence of a body of belief that the audience know to be false; his unequal struggle against an all-powerful God who has at his command the forces of nature, the power of the sea, and the fury of the elements; his eternal damnation because of his tragic flaws: all seem to endow the character of Egerio with a certain tragic stature. In his presentation of the pagan king of the Irish, Calderón invites us to feel not only horror, but also compassion towards a man who, unable to see the light of Divine Revelation, dies ignorant of the tremendous waste that was his life. This is doubtless the reason why the most moving words in the play ('¡Ay bella / prenda por mi mal hallada!' [ll. 1615-16])—a paraphrase of the first line of one of Garcilaso's most famous sonnets—are given to him.

* * *

Once Patricio's authority and the superiority of his way of life have been amply demonstrated, the play can proceed to deal with the second Augustinian source of religious knowledge: reason. This aspect of Patricio's ministry is compressed into the theological discussion between the saint and King Egerio in the middle of the second act. Having found the lifeless body of his daughter Polonia, Egerio gives vent to his despair (ll. 1615-16). His words are echoed by Patricio, who bewails the blindness and stubbornness of the Irish people (ll. 1625-33). Egerio then starts the argument by asking,

> ¿Qué Dios
> es éste que nos enseñas,
> que vida después nos dé,
> de la temporal, eterna?   (ll. 1664-67)

In his reply, Patricio explains the Christian belief in the immortality of the soul and the existence of another life (ll. 1672-81). Egerio, however, remains unconvinced, and demands that Patricio gives him 'un rasgo, una muestra / de esa verdad' (ll. 1685-86). Invoking God's help, Patricio brings Polonia back to life (ll. 1686-97). Polonia rises, and as if she had just awoken from a dream, exclaims:

> ¡Ay de mí! ¡Válgame el cielo!
> ¡Qué de cosas se revelan
> al alma! ¡Señor, Señor,
> detén la mano sangrienta
> de tu justicia!   (ll. 1698-1702)

As her words indicate, during the time she was dead, Polonia had a vision of the other life, in the course of which she saw the angry countenance of God. Her vision leads to her *desengaño,* and she retires to a cave to spend the rest of her life in the service of God (ll. 2489-2524). But even more important for the purpose of Patricio's ministry is that her vision of the hereafter provides evidence that the soul does not die with the body. With the exception of Egerio, everyone present accepts this proof of the soul's immortality. For the Irish king, however, his daughter's resurrection is simply an 'encanto', an 'hechizo', a deceiving 'apariencia' perpetrated by Patricio to convert the credulous Irish people (ll. 1740-47). He declares that to overcome his scepticism, Patricio will have to use reason and logic. The theological disputation that ensues begins with the following proposition:

> Si fuera inmortal el alma,
> de ningún modo pudiera
> estar sin obrar un punto.   (ll. 1754-56)

Patricio agrees, and adds:

>   y esa verdad se prueba
> en el sueño, pues los sueños,
> cuantas figuras engendran,
> son discursos de aquella alma
> que no duerme, y como quedan
> entonces de los sentidos
> las acciones imperfetas,
> imperfetamente forman
> los discursos, y por esta
> razón sueña el hombre cosas
> que entre sí no se conciertan.   (ll. 1757-67)

The basic idea of this speech is that the images which we see in dreams are discourses of our sleepless soul. Patricio appears to distinguish between 'figuras' and 'discursos', the former being an articulation of the latter, in the same way as words are an articulation of our thoughts. In other words, the 'figuras' we see in dreams may be considered messages from the soul, the means by which the soul tries to communicate with us during sleep. Implicit in this speech is the idea that, when separated from the body, the soul is able to see and understand with greater clarity. In the second chapter of Montalbán's *Vida y purgatorio*[88] we read that

> sin ayuda del cuerpo ni sus órganos, sólo con las especies inteligibles que tuvo quando vivió con el cuerpo, o por las que recibe quando sale de las carnes, [el alma] se acuerda, entiende y ama sin discurso como el ángel, y assí más sutilmente que quando estava unida con el cuerpo, porque tal vez se embaraçava con sus achaques y grosserías.

Similarly in dreams, but with this important difference: at the moment of death the soul frees itself completely from the body; during the state of sleep only partially and temporarily. This is why, according to Patricio, man dreams things 'que entre sí no se conciertan'. However, in sleep, as in death, the soul is still able to perceive more clearly, and this is the reason why dreams often contain prophecies, premonitions and visions not normally granted to man during his waking life. The idea of a revelatory dream that resembles death is found in other Golden-Age plays. In Tirso de Molina's *El condenado por desconfiado*, Paulo dreams that he has died:

> Salió el alma en un vuelo, [y] en un instante
> vi de Dios la presencia. ¡Quién pudiera
> no verle entonces! ¡Qué cruel semblante![89]

Still the problem persists of how the soul can communicate these visions to the sleeper's senses, so that their significance may be fully understood by him when he awakes. But, in order to clarify this point, and to discover the connection between these ideas on the nature of dreams and the conversion of the Irish, we must now turn our attention back to the theological disputation between Patricio and Egerio.

Egerio's second argument concerns the fate of Polonia after her death. According to Patricio's teachings, her soul must have gone either to heaven or to hell. If it went to heaven, argues Egerio, it would be unmerciful on the part of God to have restored her to life with the possibility that she may be damned after dying a second time. But, if it went to hell, it would be manifestly unjust to have allowed her a second chance to save herself, while presumably denying this opportunity to other souls. Where, then, was his daughter's soul while she lay dead? (ll. 1773-92). In his reply, Patricio explains that baptized souls do indeed go to heaven or hell, and that God's ordinary power cannot bring them out of those places, although his absolute power could, since He is by definition omnipotent. But, continues Patricio, this is not relevant to the case of Polonia, for God, who foresees everything, knew that her soul would return to her mortal body. In such cases, the soul remains in a state called 'de viadora'; that is, in transit towards eternity, poised between heaven and earth:

> y así se queda suspensa
> en el universo, como
> parte dél, sin que en él tenga
> determinado lugar,   (ll. 1811-14)

Patricio then adds that there is, moreover, a third place where the souls of those who die in grace are allowed to do penance for their sins, the purgatory (ll. 1831-42). This last point about the purgatory seems at first sight superfluous as an answer to Egerio's question, but, as we shall see, it will prove crucial for an understanding of the mystery of the purgatory. King Egerio, however, remains unconvinced by these arguments, and now demands 'un amago, / [...] un rasgo, una luz de esa / verdad' (ll. 1844-46). Kneeling down, Patricio asks God to offer some proof so that 'por sombras, por figuras, sea notorio / al mundo, cielo, infierno y purgatorio' (ll. 1885-86). His request is answered through an angel, who reveals to him the existence of the cave of Lough Derg.

Patricio's ideas on the nature of dreams and the existence of the cave of Lough Derg are the only two proofs adduced in the text in support of the immortality of the soul. They are meant to complement each other. According to Patricio, the existence of the next life will be demonstrated in the purgatory by means of 'figuras' and 'sombras'; words similar to those used to describe the visions in a dream: 'figuras' (l. 1759) and 'fantasmas' (l. 43). Dream, death and the purgatory are further linked by the figure of the *embozado*, a symbol of death, who is described as a 'figura', a 'fantasma', and a 'sombra'.[90] When Egerio demands of Patricio a tangible proof of the soul's immortality, he uses the word 'amago' (l. 1844; see also l. 1953), which refers us back to his own description of his prophetic dream as 'un pálido amago de la muerte' (l. 22). Finally, the boat which takes Ludovico to the purgatory is described by him as an 'ataúd' (l. 2611). It appears, then, that there exists a semantic relationship in the text of the play between the visions which occur in a dream, in death and in the cave of Lough Derg. A comparison between Ludovico's narration of his experiences in the purgatory as told by Montalbán and by Calderón will be seen to support this conclusion.

Montalbán's Ludovico begins his story as follows:

> Apenas, o hermanos amantíssimos, cerró nuestro Padre Prior la puerta, quando tentando a una y a otra parte de la cueva, que por estar algo escura se defendía, quiso Dios que hallasse la pared, y siguiéndome por ella, que tendría a mi parecer hasta veinte varas de largo, fui andando poco a poco, con ánimo de llegar al fin, con el qual encontré de allí a un rato, que era una peña grande que venía a estar frente por frente de la puerta... (*Vida y purgatorio*, pp. 149-50).

Ludovico remains on this spot for a quarter of an hour, until, 'bolviendo los ojos hazia la mano izquierda, vi entrar por una abertura que tenía la misma peña un poco de luz, bastante a ver que se torcía el camino por una senda que iba cuesta abaxo' (p. 150). Following this path, Ludovico finds himself standing on soft ground. He sits down and falls asleep. Next, he is awaken by a peal of thunder and the floor collapses. He then meets some monks, after which he is attacked by some demons who drag him first to hell and then to purgatory. Finally, he arrives at the entrance to Paradise, where he speaks with San Patricio.

Although remaining faithful to his source, Calderón introduces some notable variants in his adaptation of this passage. Once the door of the cave has been closed, Calderón's Ludovico finds himself

> en noche obscura, negado
> a la luz tan tristemente

> que cerré los ojos yo,
> propio afecto del que quiere
> ver en las obscuridades;
> y, con ellos desta suerte,
> andando fui hasta tocar
> la pared que estaba enfrente,
> y, siguiéndome por ella,
> como hasta cosa de veinte
> pasos, encontré unas peñas,
> y advertí que, por la breve
> rotura de la pared,
> entraba dudosamente
> una luz que no era luz,   (ll. 2897-2911)

As can be seen, the differences are few but highly significant. The words 'cerré los ojos' are not in Montalbán, nor is the vision of 'una luz que no era luz'. And, we may well ask, how could Calderón's Ludovico see light with his eyes closed?

Calderón's Ludovico continues his descent until he reaches the soft ground. Like Montalbán's character, he sits down and falls asleep. The episode is described by Calderón in these words:

> Sin sentido quedé, cuando
> hizo que a su voz despierte
> de un desmayo y de un olvido,
> un trueno que horriblemente
> sonó, y la tierra en que estaba
> abrió el centro, en cuyo vientre
> me pareció que caí
> a un profundo,   (ll. 2921-28)

And later, the meeting with the monks is described as follows:

> Angeles para mí fueron
> estos hombres, y de suerte
> me animaron sus razones,
> que desperté nuevamente.   (ll. 2951-54)

If, in a few lines, Calderón's Ludovico wakes up twice, thinks ('me pareció') that he fell into a well ('profundo'), and sees light with his eyes closed, should not the audience conclude that his experiences in the purgatory were nothing but a dream?[91] But what sort of dream? Not a natural dream, as Patricio defined it, since Ludovico's soul was able to communicate its vision of the other life to its senses without impediment or hindrance. Rather than a natural dream, Ludovico's experience resembles the dream of death, as described by Montalbán.

This is why the boat that takes him across to the island is described as an 'ataúd' (l. 2648). As in death, Ludovico was able to perceive with total clarity the mysteries of the hereafter; unlike in death, however, his soul did not permanently depart from his body. In this and in other respects, Ludovico's dream is identical to Polonia's death. The only difference is that whereas Polonia's was a man-inflicted death, Ludovico's was a miraculous death, granted by special dispensation of an omnipotent God to those who, having sincerely repented of their sins, enter the purgatory with the intention of doing penance.[92] Whilst in the purgatory, Ludovico's soul was, like Polonia's, in a state 'de viadora'; that is, 'sin lugar y con lugar' (l. 1824), poised between this life and the next.

This, then, is the solution to 'los misterios de la cueva' (l. 1920), to the 'secretos del cielo soberanos' (l. 2058), to which allusion is made repeatedly in the course of the play.[93] A logical explanation of Ludovico's experiences in the purgatory was required because Calderón's analytical mind could not accept, as Montalbán and the unknown author of *El mayor prodigio* seem to have accepted, that Ludovico visited the infernal regions in body and soul in direct contravention of natural and divine laws.[94]

Now we realize that the metaphysics which Ticknor found so 'wearying' have a double purpose in the overall scheme of the play: to illustrate the role of reason in the evangelization of a people, and to provide a partly poetic, partly theological explanation of the mystery and the miracle of St Patrick's purgatory. On another level, Ludovico's special dream may be considered an instance of Divine Illumination. The 'luz que no era luz' (l. 2911) corresponds to the Augustinian 'incorporeal light of a special kind' with which God illuminates the soul; and the 'sombras' and 'figuras' which, according to Patricio one sees in the cave, are the equivalent of the 'kind of image' which, according to St Augustine, God produces in the soul at the moment of Divine Illumination.[95] The Angel Bueno clearly tells Patricio that he who enters the purgatory 'verá una iluminación / de la gloria y paraíso' (ll. 1915-16); Ludovico uses the word 'iluminación' in reference to the purgatory immediately after hearing a voice instructing him to go there: 'iluminación parece / del cielo, que misterioso / da auxilios al pecador' (ll. 2439-41); and, ironically, when Egerio demands of Patricio a tangible proof of the existence of the other life he asks for 'una luz de esa / verdad' (ll. 1845-46). As in the case of Divine Illumination, the vision in the purgatory leads the pilgrim to a deeper perception and understanding of the mysteries of the Christian faith. Accepted by the people of Ireland on the strength of Patricio's authority and his use of reason, the fearful reality of these truths can only be fully apprehended by the unearthly light of Divine Illumination.

By reaching the conclusion that Ludovico's vision was a special kind of dream, we realize that all the loose strands of the play are successfully brought together so as to form a harmonious and artistically coherent dramatic work of art. The solution to the mystery of the cave is not, however, explicitly stated in the play. It has to be discovered by the reader or spectator by himself. Through the mouth of Patricio, Calderón challenges his audience to do precisely that. Referring to the purgatory, the saint says that those who dare to enter it

> Verán un amago breve
> de un prodigio dilatado,
> un milagro continuado,
> a cuya grandeza debe
> admiración *quien se atreve*
> *a descifrar su secreto;* (ll. 1953-58, *my italics*)

Calderón dares us to solve the mystery of the cave so that we may arrive at our own personal solution, and through it to an acceptance of his poetico-theological conception of the purgatory of Lough Derg. One cannot imagine a more effective technique for imparting theological or poetic truths which, by definition, are not susceptible of demonstration in the cold light of pure reason. The poetic and theological truth of the dream which the pilgrim experiences in the Irish cave has to be intuitively felt in order to be believed and understood. It is a practical demonstration of the Augustinian formula 'Credo ut intelligam'.

4   *Staging*

It is virtually certain that the first performance of *El purgatorio de San Patricio* took place in one or other of the two commercial theatres existing in Madrid during the seventeenth century, the Corral del Príncipe and the Corral de la Cruz. Thanks to the work of N. D. Shergold, J. E. Varey and J. J. Allen, much is known today about the physical appearance of these two playhouses and of their respective stages.[96] Each theatre had a thrust stage consisting of three platforms. The central platform of the Príncipe measured approximately 28'x16' and that of the Corral de la Cruz 26'x16'. On each side of this central platform there were smaller platforms that could be used to seat spectators or to set up scenery. Behind the central platform there was an area about 8' deep in the Príncipe and 13' deep in the Corral de la Cruz which served both as the women's tiring room and the discovery space. Above the tiring room there rose two galleries or balconies spanning the width of the central platform. They were placed one above the other, and each was provided with its own detachable railings. A projecting roof, under which the pulleys and ropes needed to operate the stage machinery were situated, crowned this three-level structure, known in contemporary stage directions and documents as the *teatro* or the *fachada del teatro*.

From the point of view of the audience the *teatro* was divided into nine niches, formed by the three horizontal levels and the two vertical posts which supported the two balconies and the projecting roof. Each of these nine niches had its own set of curtains, behind which a variety of stage sets could be shown to the audience. The stage machines were set up next to the top balcony behind curtains,[97] and were operated by means of counterweights that went all the way down to the lower level through holes opened on the floor of the two balconies.

The text and the stage directions of *El purgatorio de San Patricio* make reference to the following items of decoration: a mountain, a tower with a door, a *cabaña* with a door that has to be pulled down, a street door, a hut ('casilla') in the mountains, a boat, a building ('edificio'), and a cave with a practicable door. The play also requires three discoveries, and the use of one stage machine and two trapdoors. Not all the items of decoration were, however, necessarily present on stage. In a previous article I suggested that as a general rule the modern critic attempting to reconstruct the original staging of a seventeenth-century play, 'may assume that props were present on a *corral* stage only when they are both mentioned in the text of the play (either in the dialogue or in the stage directions) and utilized in one form or another by the characters. The mere mention of objects in the dialogue is never a guarantee of their actual presence on stage'.[98] With this in mind, we may immediately exclude from the staging of *El purgatorio de San Patricio* the tower with a door, the street door, the 'casilla' in the mountains, and the 'edificio' of Act III. I do not wish to imply that they may not have been present on stage, only that having a decorative rather than a functional role they were expendable, and that their physical configuration could easily and economically have been left to the imagination of the audience. This leaves as absolutely indispensable for the staging of Calderón's play the mountain, the 'cabaña' with a door, the boat, and the cave. How and where were these objects revealed to the public?

The job of the modern critic trying to recreate the staging of a seventeenth-century play entails duplicating the job of the '*tracista*' or stage manager of the old *corrales*. That the *tracista* was not only part of the theatrical profession but also one of its most essential and important members is made clear in many contemporary documents, like the following which lists the conditions under which a certain member of Alonso Riquelme's company is to be released from his contractual obligations:

> otro si por quanto el se va de la conpañia del dicho Alonso Requelme [sic], y sabe las comedias e *traças* que tiene ansi algunas que el ha dado, como otras que tiene de otras personas [...] por tanto se obligo al dicho Alonso Requelme a que no dara las dichas comedias ni ninguna dellas ni conpondra las historias ni *traças* dellas ni de otras ningunas que ha visto e viere hacer en la conpañia del dicho Alonso Riquelme de aquí adelante, ni las

dara a ninguna persona por interes ni fuera del, ansi autores como a otras personas de qualquier condicion que sean [...] (*my emphasis*).[99]

The 'traças' mentioned in this document were of course the plans of the plays in question, which specified where and how the different décors were to be situated and in what order they were to appear. In other words, the 'traça' was the realization of the implicit and explicit stage directions contained in the manuscript sold to the company by the playwright, and it was as jealously guarded by the *autor* as the text of the play itself, or its 'historia' or plot, the latter being what professional *memoriones* were likely to lift from a play they saw in performance.[100]

The first thing a *tracista* had to do was establish the number of *cuadros* or scenes, in the English sense of the term, in a play. These were often indicated in the original manuscripts by the insertion of horizontal lines in the appropiate places, a practice which was unfortunately not imitated by contemporary printers. *El purgatorio de San Patricio* may be divided into the following cuadros:

Act	*Cuadro*	ll.	Location	Décor required
I	i	1-743	Beach	Mountain
	ii	744-1091	Paulín's place	None
II	i	1092-1445	Room in Egerio's palace	None
	ii	1446-1559	Paulín's hut	Mountain and door
	iii	1560-2090	purgatory	Mountain, rock and cave
III	i	2091-2488	City street	None
	ii	2489-2638	Wilderness	Mountain and boat
	iii	2639-3220	purgatory	Mountain and cave

As is the case with many other Golden-Age plays, most notably *La vida es sueño,* the most important piece of stage décor required for *El purgatorio de San Patricio* is the mountain. In my article on the staging of *La vida es sueño* I speculated that the mountain 'probably consisted of a ramp which led diagonally from one end of the balcony to one of the lateral stage platforms' (p. 52). Two stage directions in the text of Mira de Amescua's play *Lo que puede el oír Missa* in the *Primera Parte de Comedias Escogidas de los mejores ingenios de España* (Madrid: Domingo García y Morras, 1652) suggest that it was actually a ramp with steps:[101]

Fínjase el castillo en lo alto, y que se sube por escalera de monte (fol. G5r).

Va subiendo por la escalera del monte, hasta el primer alto, donde estará vna puerta, en la misma parte donde se fingió el castillo, y se quedará en la puerta de rodillas con su Rosario y la rodela a las espaldas (fol. H4r).

Even though not required in at least two of the *cuadros* of *El purgatorio de San Patricio* (II,i and III, i), where it would positively have been a hindrance, the mountain had to remain in full view of the audience from the beginning to the end of the performance. This is why, in order not to distract the audience's attention unduly, the action of these two *cuadros* would have tended to gravitate towards the side of the stage opposite the mountain. Being, in any case, erected on one of the lateral platforms, the mountain would not have interfered excessively with the action on the central platform. The following drawing, which is not drawn to scale, shows the probable location of the mountain ramp on the stage:

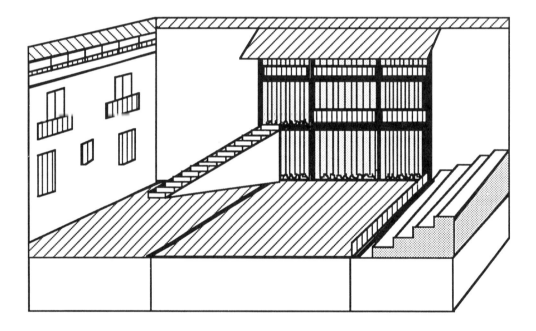

That the mountain was meant to form part of the back décor of every other *cuadro,* with the exception perhaps of I.ii, is made clear by the constant direct or indirect references that are made to it:

cuadro I.i   'Dejad que desde aquella / punta vecina al sol, que de una estrella / corona su tocado, / a las saladas ondas despeñado, / baje quien tantas penas se apercibe' (ll. 3-7).

'Sal, señor, a la orilla / del mar, que la cabeza crespa humilla / al monte, que le da, para más pena, / en prisión de cristal, cárcel de arena' (ll. 61-64).

'Yo, desde aquella cumbre, / que al sol se atreve a profanar la lumbre, / contenta le advertía' (ll. 108-10).

cuadro II.ii 'en las entrañas rústicas, guardada / desta robusta peña, / quedará mi desdicha' (ll. 1473-75).

'Perdido en este monte / a tu casa he llegado' (ll. 1530-31).

'del monte despeñado / ha de morir en el cristal helado / del mar' (ll. 1556-58).

cuadro II.iii 'Todo el monte, valle y sierra, / se ha examinado hoja a hoja' (ll. 1561-62).

'¿No veis, no veis que esa sierra / se retira, que ese monte / se estremece?' (ll. 1717-19).

'Ven / por este monte conmigo' (ll. 1947-48).

'El monte que viendo estás, / ningún hombre ha sujetado' (ll. 1967-68).

'no hay persona ninguna / que pase por su horizonte / los peñascos de ese monte' (ll. 1979-81).

'he penetrado / deste rústico monte la espesura' (ll. 2003-04).

cuadro III.ii *'Sale en lo alto del monte Polonia, y baja al tablado'* (l. 2489).

'Esta humilde casilla, / tan pobre y tan pequeña, / parto de aquesa peña' (ll. 2501-3).

'este horizonte / vives, siendo del monte / moradora vecina' (ll. 2532-34).

'Pues este monte tiene / ese prodigio dentro' (ll. 2555-56).

'Esa laguna cerca / todo el monte eminente' (ll. 2567-68).

cuadro III.iii '¡Qué triste monte es aquél!' (l. 2655).

'tú veniste / a este monte' (ll. 2797-98).

As we can see, the decisive piece of evidence arguing for the physical presence of the mountain on stage is the stage direction in *cuadro* III.ii. Despite all the other allusions to the mountain, without this single stage direction we could not have concluded that this most popular piece of stage decoration was actually in use during the original performance of *El purgatorio de San Patricio*. As it is we can be certain not only of the fact that the mountain was visible on one side of the stage but also that a portion of the balcony was decorated with rocks (probably similar to those used to decorate some floats in Easter processions to this day), branches, bushes, etc.[102] In all likelihood, the section of the balcony next to the mountain remained covered by the curtain during those *cuadros* that do not require a rustic décor (e.g., II.i and III.i), so as to indicate to the audience that the action had now moved away from the vicinity of the mountain. We should also note that, with the flexibility characteristic of Spanish seventeenth-century staging practice, the mountain of *El purgatorio de San Patricio* actually represents at least four different mountains: One near a beach in *cuadro* I.i; another near Paulín's hut in *cuadro* II.ii; a third near the purgatory in *cuadros* II.iii and III.iii; and a final one near Polonia's dwelling in the wilderness in *cuadro* III.ii.

Several doors in different locations are mentioned in the play, but only one o⌐ them is actually used by the characters: the door to Paulín's hut in *cuadro* II.ii. In l. 1511 Ludovico knocks on this door, as Locía's reply in l. 1515 makes clear, but, more significantly, the door is pulled down by Ludovico in ll. 1522-25:

> *Ludovico.*   Derribaré la puerta.
> Cayó en el suelo.
> *Locía.*   ¡Ah Juan Paulín, despierta!
> Mira que han derribado
> la puerta.

It is the same effect used by Calderón himself in *La vida es sueño* and by Juan Pérez de Montalbán in *No hay vida como la honra*,[103] and it obviously necessitated a stage door. A door is also mentioned in II.i, when Filipo's escape is discovered by the Capitán: 'Mas la puerta abierta y sola / la torre, ¿qué puede ser?' (ll. 1421-22), but as Filipo could be referring to an outside door, it is quite likely that this *cuadro* was played out before the closed curtains at the back of the stage, with the entrances and exits being done through a gap in these curtains. The same aplies to the street door mentioned in III.i, ll. 2284 and 2300. When Paulín says 'En esta puerta me escondo' (l. 2284) he was probably hiding behind the *paño* or curtain. Where was the door to Paulín's hut situated? Since two of the three lower level spaces had to be used for the display of discoveries, the most likely place for this door was the lateral space next to the mountain. There a door-flat could easily have been fitted between the vertical post and the side of the ramp that served as the mountain.

Rocks on Spanish seventeenth-century stages were in all likelihood imitation rocks, perhaps made of cardboard or pasteboard, and strong enough, at times, to support the weight of a human body. For example, in Lope de Vega, *Los guanches de Tenerife*, a character '*Súbese en unos riscos, que estarán hechos con ramas*'.[104] Likewise, in *cuadro* II.iii, Polonia's lifeless body is 'discovered' '*sobre una peña*' (l. 1602). The normal location for a discovery of this sort would have been the central space of the lower level. However, in *El purgatorio de San Patricio* this space was by this time occupied by a far more spectacular discovery, due to take place at the end of the same *cuadro*: the entrance to the purgatory. As the discovery of Polonia on a rock was a comparatively simple affair it was probably relegated to one of the lateral spaces, the one opposite the mountain. The rock must have remained in place behind the curtain until the end of the second act, when it had to be removed in order to be replaced by a boat.

Boats were sometimes used on Spanish seventeenth-century stages. Often they were shown floating on *tramoyas*, just like the more conventional cloud machines used to transport angels in hagiographical plays. A 'flying ship', for example, was requested by Tirso de Molina for his *La ninfa del cielo*: '*Aquí tañen, y pasa la nave, si la hubiere*'.[105] A similar request was made by Lope de Vega for his *Los ramilletes de Madrid*: '*Si quisieren la podrán hacer* [una barca], *y dará vuelta con las dos personas reales sentadas, y toda cubierta de árboles*'.[106] The fact that both dramatists request rather than insist on the use of the two boats seems to imply that this stage machine was not all that common.[107] Far more common was to show a prow of a ship or a boat on one of the niches at the back of the stage. For example, in Tirso's *La república al revés*, '*Salen por una puerta CONSTANTINO, LEONCIO, ANDRONIO Y MACRINO; por otra parte echan desde la popa de una galera un pasadizo al tablado y bajan por él CAROLA, la infanta; LIDORA, dama; ROSELIO, su hermano, y otros*' (ODC, I, p. 385b), and in Lope's *Por la puente, Juana*, '*Vese una barca muy compuesta y enramada*' (RAE, nueva ed., XIII, p. 270a), while in his *Las flores de D. Juan*, '*Descúbranse en lo alto dos fragatas con muchos moros*'.[108] *El purgatorio de San Patricio* requires the use of a boat in *cuadro* III.ii. The boat is first mentioned by Polonia, when she tells Ludovico that '*la esfera helada / de esa breve laguna, / en un barco pequeño / has de pasar*' (ll. 2599-2602). The stage direction after l. 2613 is not very explicit. It simply says that Ludovico '*Entrase dentro*', but as the subsequent dialogue makes clear he does not go off stage; the '*dentro*' therefore refers to the inside of the boat that will take him to the purgatory. The dialogue comprising ll. 2614-38 is spoken by Polonia standing on stage and by Ludovico sitting in the boat. Where was this boat situated? In all likelihood all the spectators saw was the prow of a boat on the lateral space opposite the mountain; i.e,, the same space where in the previous act, the body of Polonia was discovered lying on a rock. At the end of the *cuadro* (l. 2638), both Ludovico and the boat disappear from view by simply drawing the corresponding curtain from the inside.

The final piece of stage scenery required for *El purgatorio* was the cave of St Patrick. Because of its prominence in the play and its elaborate design, it probably occupied the central space of the lower level. Calderón gives a fair idea of what it must have looked like when it is first discovered, at the end of Act II:

> *Aquí se ha descubierto una boca de una cueva, lo más horrible que se pueda imitar, y dentro della está un escotillón, y en poniéndose en él Egerio, se hunde con mucho ruido, y suben llamas de abajo, oyéndose muchas voces.* (l. 2083).

The same 'discovery' is used at the end of the play, when Ludovico enters the purgatory:

> *Aquí entra en la cueva, que será como se pudiere hacer más horrible, y cierren con un bastidor.* (l. 2781).

The second 'discovery' was probably also staged with a suitable amount of 'ruido' and 'llamas', but the trapdoor ('escotillón') which swallowed Egerio in the first one was not required in the second. This is why in order to make Ludovico disappear from view a screen ('bastidor') had to be used.

Trapdoors were opened on seventeenth-century stages not only on the discovery space, but also on the balconies and on the central stage platform. For example, in Lope de Vega's *San Nicolás de Tolentino,* four trapdoors are used simultaneously: *'echando fuego por cuatro partes del teatro, salgan por los escotillones cuatro almas, PADRE y MADRE de San Nicolás, FLORO y URSINO'* (*Obras escogidas*, III, p. 269b). A second trapdoor was probably used in *cuadro* III.i of *El purgatorio* to allow the *embozado* to disappear suddenly. The stage direction simply says *'Desaparece'* (l. 2358), but unless a 'bofetón' was used, a trapdoor was the most effective way to bring about this stage effect. In the context of this scene, a trapdoor, with its associations with the underworld, was more likely than a 'bofetón' to have been utilized to make the 'muerte' (l. 2349) vanish.[109]

Stage machines are used on two occasions in *El purgatorio de San Patricio.* In l. 1023 a stage direction indicates that the audience should see *'En una apariencia un Angel que trae un espejo en el escudo y una carta'*. By drawing a curtain, which was suspended from the hanging roof before the top balcony,[110] the Angel would have been revealed standing on the cloud machine that will later carry him down to the stage platform. By l. 1045 the Angel must be level with Patricio so as to be able to hand him the letter and show him the mirror. At the end of the act, Patricio climbs on the cloud machine next to the Angel and they are both carried aloft to the top balcony: *'Sube la apariencia hasta lo alto, y sin cubrirse'*. The last words of this stage direction probably indicate that the curtain covering the space from whence issued the cloud machine remained open in order to show Patricio and the Angel standing still for a few minutes, in imitation of an altar piece.

The second appearance of the cloud machine occurs in *cuadro* II.iii, when, as the stage direction says, *'Baja un Angel Bueno, y sale otro Malo'* (l. 1887). The Good Angel descends on the cloud machine while the Bad Angel enters from behind the curtain at the back of the stage, probably the one behind which was hidden the entrance to the purgatory.

To sum up, the *fachada del teatro* was set up by the *tracista* before the beginning of the performance of *El purgatorio de San Patricio,* as follows: Leading diagonally from one of the lateral spaces in the middle balcony to a lateral platform was the mountain, suitably decorated with fake rocks, branches, etc. The space behind and above the mountain was also decorated with branches and rocks, but this décor was only revealed to the public during those *cuadros* that take place in a rustic setting. Next to the mountain, on the lower level, there was a practicable door, which is pulled down in the course of *cuadro* II.ii. The middle space of the lower level was occupied solely by the cave of the purgatory, which was shown to the public on only two occasions: *cuadros* II.iii and III.iii. The remaining lateral space of the lower level was used for two simple discoveries: the rock on which Polonia lies in *cuadro* II.iii, and the boat in which Ludovico embarks to go to the purgatory in III.ii. The change from rock to boat was probably done during the interval between the two acts. Finally the top balcony was exclusively to gain access to the cloud machine that transports the Good Angel on two occasions. All these pieces of stage décor, props and machines were throughout covered by curtains except on those occasions when they had to be shown to the public or used by the actors. The one exception to this rule was the mountain which was by necessity visible to the audience from the beginning to the end of the play.

5 *Versification*

ACT I	*cuadro* i	1-173	*silvas*	173
		174-391	*romance,* e-a	218
		392-743	*romance,* e-o	352
	cuadro ii	744-1091	*redondillas*	<u>348</u>
			TOTAL	1,091
ACT II	*cuadro* i	1092-1251	*décimas*	160
		1252-1445	*romance,* o-a	194
	cuadro ii	1446-1559	*silvas*	114
	cuadro iii	1560-1869	*romance,* e-a	310
		1870-1886	*soneto con estrambote*	17
		1887-1942	*redondillas*	56
		1943-2002	*décimas*	60
		2003-2090	*octavas reales*	<u>88</u>
			TOTAL	999
ACT III	*cuadro* i	2091-2242	*redondillas*	152
		2243-2488	*romance,* o-o	246
	cuadro ii	2489-2638	*liras*	150
	cuadro iii	2639-2786	*romance,* -o	148
		2787-2880	*silvas*	94

2881-3220	*romance,* e-e		<u>340</u>
		TOTAL	1,130

VERSE TOTALS:

silvas		381
romances		1,808
redondillas		556
décimas		220
soneto con estrambote		17
octavas reales		88
liras		<u>150</u>
	TOTAL	3,220

In two recent articles, Victor F. Dixon and Vern G. Williamsen have stressed the importance of polymetry in the Spanish drama of the Golden Age.[111] Dixon, for example, argues that 'for any able and sensitive artist the use of one rather than another [metre], we may be confident, must have related to the theme, source or setting of the action; the rank, personality or state of mind of the characters; the mood, intensity or tempo of an episode; and that episode's role in the development of the plot: its exposition, elaboration, elucidation or resolution' (p. 113). Williamsen, for his part, finds four main artistic purposes in the use of multiple strophes in the *Comedia:* '(1) as audible signals of structural divisions within the work, (2) as a means of achieving needed tonal effects and variety, (3) as the vehicles through which the rhetoric employed took shape, and (4) as the means by which, through rhythm and rhyme, certain words and ideas were made to strike the public ear' (p. 145).

A superficial look at the versification of *El purgatorio de San Patricio* will immediately reveal that one of its uses was to signal to the audience the end of a *cuadro* and the begining of the next. Within a *cuadro,* however, a diversity of metres is sometimes used. What purpose do these changes in metre serve? In the case of *El purgatorio* it may be possible to speak of a further structural division of *cuadros* into scenes, according to the metre used. The type of scene based on metre does not indicate, as in the case of nineteenth-century scenes, the entrance or exit of a character, an indication which can only be of use to actors waiting for their cues. We should think of the *Comedia* scenes as the conceptual building blocks of the play. For example, if we divide *El purgatorio* according to the metres used, we find a rather complete plan of the play:

ACT I	*cuadro* i	scene a: *silvas:*	Presentation of all the important characters.
		scene b: *romance:*	Patricio's *relación* of his life.

		scene c: *romance:*	Ludovico's *relación* of his life.
	cuadro ii	scene a: *redondillas:*	Comic subplot; Patricio as slave.
ACT II	*cuadro* i	scene a: *décimas:*	Subplot: Ludovico's imprisonment.
		scene b: *romance:*	Ludovico's escape.
	cuadro ii	scene a: *silvas:*	Ludovico's murder of Polonia.
	cuadro iii	scene a: *romance:*	a) Discovery of Polonia's body.
			b) Theological debate between Patricio and Egerio.
		scene b: *soneto:*	Patricio's soliloquy.
		scene c: *redondillas:*	Good and Bad Angels.
		scene d: *décimas:*	On the way to the purgatory.
		scene e: *octavas reales:*	Discovery of purgatory.
ACT III	*cuadro* i	scene a: *redondillas:*	Paulín and Ludovico: summary of events.
		scene b: *romance:*	Ludovico's repentance.
	cuadro ii	scene a: *liras:*	Polonia and Ludovico on his way to purgatory.
	cuadro iii	scene a: *romance:*	Ludovico's arrival at purgatory.
		scene b: *silvas:*	Temporal break: Awaiting Ludovico.
		scene c: *romance:*	Ludovico's final *relación*.

As we can see every change in metre indicates the beginning of an important moment in the play. The one exception may be the single scene in *cuadro* I.ii, which begins with the comic subplot and ends with the supposedly serious scene between the Angel and Patricio. And I say 'supposedly' because there are certain moments in this last episode of Act I which verge on the comic. Patricio's delight with the letter and his dilly-dallying provoke some impatient reactions from the Angel: 'Lee la carta' (l. 1052); 'Abrela ya' (l. 1055); 'Pues mírate en este espejo' (l. 1062); 'Pues no esperes / tanto a redimir su afán' (ll. 1066-67). So that even in this scene the lack of a break in metre may have been a sign indicating that no change in mood was expected.

The metres employed by Calderón in *El purgatorio* follow for the most part the conventions of the genre. All three *relaciones* are in *romance*. As in Lope, the *romance* is used here 'para relaciones de carácter afectivo, en el que el narrador se propone generalmente provocar una reacción favorable por parte del oyente'.[112] The *décimas* are employed twice (II, ia and II, iiid), in the first case quite clearly for *quejas,* following Lope's advice.[113] Solemn moments in the play use hendecasyllables: Patricio's soliloquy asking for God's assistance is a *soneto con estrambote;* and the discovery of the purgatory at the end of Act II is in stately *octavas reales*.[114] Combination of seven- and eleven-syllable lines are employed for the *silvas* with which the play opens (during which both Egerio's prophetic dream and the no less prophetic storm are described) and for Ludovico's murder of Polonia. The lively *redondillas* are used for the comic subplot in I, ii, for the short scene between the Good and Bad Angel and for the recapitulation of past events at the beginning of the third act. The 'duet' between Ludovico and Polonia in III, iia is in the mainly heptasyllabic *liras* (with one hendecasyllabic line at the end of each stanza to add gravity to the moment). The important theological discussion between Patricio and Egerio in II, iiia is in *romance,* with the intention, no doubt, of making this passage sound more like prose in order to imitate the style of a real debate. The scene of Ludovico's escape (II, ib) is also in *romance,* probably because it consists in reality of three long monologues (two by Ludovico of 85 and 31 lines respectively, and one by Polonia of 47 lines). Also in *romance* is the scene of Ludovico's repentance (III, ib), which contains a 47-line monologue by Ludovico.

Only on one occasion in *El purgatorio* is the change in metre used to signal a temporal break in the action: a whole day is supposed to have elapsed between the *romance* of III.iiia and the *silvas* of the following scene.

6 *The Present Edition*

El purgatorio de San Patricio was first published in the *Primera parte de Comedias de don Pedro Calderón de la Barca. Recogidas por don Ioseph Calderón de la Barca su hermano.* This very rare volume (only five copies and a fragment are extant today)[115] is now easily available to the editor of Calderón's plays in the monumental facsimile edition prepared by D. W. Cruickshank and J. E. Varey. *El purgatorio* comprises fols G3-K5 of the *Primera parte,* a total of fifty-four pages. The *Primera parte* was printed in Madrid by 'Maria de Quiñones. *A costa de Pedro Coello, y de Manuel Lopez, Mercaderes de libros'*, and is generally known by the acronym QCL. Four years later, in 1640, a page-by-page reprint of QCL was published in Madrid 'Por la viuda de Iuan Sanchez. *A costa de Gabriel de Leon mercader de libros'*. This second edition is known as VSL. VSL is a faithful reproduction of QCL, although some attempt was made to correct some of the obvious errors in the earlier text: see, for example, ll. 4, 882,

1638 and 2678 in the list of Variants. Despite this, many substantial errors in QCL passed undetected to VSL: ll. 356, 775, 1144, 1296, 1595, 1854 and 2458. For its part, VSL also managed to introduce some fresh variants. Most of these variants involve a single letter and can therefore be easily attributed to muscular error or a faulty case: ll. 1127, 1699 and 2273; others were probably caused by failure of memory: ll. 1465 and 2710;[116] while a third type may simply reflect the different spelling habit of the new compositor: ll. 167, 1000 and 1791.

Strictly speaking, the third edition of the *Primera parte* was an illegal edition. The title page bears the date 1640 and states that the volume was printed 'En Madrid. *Por la viuda de Iuan Sanchez'*, but, as Edward M. Wilson has shown, the book (known as VS) was in fact printed some thirty years later.[117] D. W. Cruickshank confirmed Wilson's findings by identifying the two printers of VS as Lucas Antonio de Bedmar and Melchor Alegre.[118] Wilson further noted that the orthography of VS had been deliberately modernized, and he also found some evidence of correction of faulty readings. Both Wilson and Cruickshank concluded that VS had been set up from a corrected copy of VSL. An examination of the variants found in VS's text of *El purgatorio de San Patricio* offers further confirmation of these conclusions. VS reproduces VSL's spelling of some significant words, such as *madastra* (l. 638), and *Imperio* for *Impíreo* (l. 1000); some of VSL's fresh errors passed undetected to VS: ll. 517 and 2008; while some of QCL's most obvious mistakes appear corrected in the same manner in both VSL and VS: ll. 4, 882, 1275, 1638 and 2678. The correction by the editors of VS of some of VSL's faulty readings usually results in agreement with MS Res. 89 of the Biblioteca Nacional of Madrid (hereafter referred to as MS), but this is hardly surprising since the correct solution to most of VSL's errors is extremely obvious: see, for example, ll. 347, 356, 775, 1296, 1595 and 2458. Sometimes, however, VS's attempt at emending its copy-text produced an even more divergent reading: in l. 828, QCL and VSL print *madederia* for *maridería,* but VS substitute *maçaderia,* thereby missing the play on words; in l. 1323, where QCL and VSL read *acoja,* which is meaningless in the context, VS substitutes *arroja,* which is equally meaningless (the correct reading is MS's *azota).* Some of the fresh variants introduced by the compositors of VS result in substantial errors: ll. 17 and 1117; others in minor mistakes: ll. 296, 372, 534, 656, 868, 1310, 1431, 1468 and 1550; still others may be attributed to attempts to modernize the spelling of VSL (ll. 1305, 2721 and 2826), or to improve its syntax (ll. 1159 and 1416); while a fourth type may have been caused by a misreading (ll. 2512 and 2938), or misunderstanding of the copy-text (ll. 506, 1014, 1119, 1437, 1473 and notably 3154). All these variants show that, as Wilson had established, VS was set up from a corrected copy of VSL.[119]

The fourth edition of the *Primera parte* is that published by Juan de Vera Tassis y Villarroel 'EN MADRID: Por *Francisco Sanz,* Impressor del Reino, y Portero de Camara de su Magestad. Año de 1685'. In the Introduction to his critical edition of *La vida es sueño,* A. E. Sloman concluded that Vera had based his text of this play on both VS and the *Parte treynta de comedias de varios autores* (Zaragoza, 1636).[120] In all likelihood, Vera sent his printer a marked-up copy of VS. Textual evidence from *El purgatorio* confirms that Vera utilized VS as the copy-text for his *Primera parte.* The most conclusive piece of evidence in support of this assertion is the omission in both VS and VT of l. 17 of the present edition. No other obvious error in VS has passed undetected to VT, but the sharing of some substantial variants in places where QCL and VSL offer perfectly good readings points to the same conclusion: see, for example, ll. 2226, 2632, 2721, 2790, 2826 and 2830. Apart from the cancellation of l. 17, few of VS's textual errors escaped Vera's notice. In some instances, he supplied such good emendations that, his guesses coinciding with mine, I have not hesitated to incorporate them into the present edition: see ll. 442, 1012, 1023, 1038 and 3044. Vera's variants in places where VS offers good readings are to be ascribed mostly to his efforts at 'improving' the original, in the belief that he was thus purging the text of impurities introduced by scribes and compositors. In some cases, these 'impurities' had in all probability been put there by Calderón himself, and Vera's variant readings must be considered simply a reflection of his personal tastes: ll. 1286, 1607, 2256, 2262, 2317, 2524, 2578, 2886 and 3162. Other variants in VT are the result of Vera's attempts to clarify the syntax of the original: ll. 148, 292, 398, 720, 858, 1083 and 3105; while others are due to his propensity to change the order of words in some sentences for no fathomable good reason: ll. 480, 654, 1558, 1628, 1666, 3179 and 3205.[121] A third type of variant may be ascribed to his efforts to characterize the speech of the *graciosos*: ll. 825, 851, 952 and 992. Vera's carefully edited text hardly introduces any fresh errors: ll. 813 and 1893 are, however, two exceptions. A final type of variant in VT may have been caused by misunderstanding of the copy-text, for example, l. 410.

Did Vera Tassis correct VS's text of *El purgatorio* by checking it against another text? On 53 occasions, VT shares variants with MS in respect to QCL, VSL and VS. In 40 of these occasions, QCL, VSL and VS present faulty readings, but their emendation is so obvious that Vera could have arrived at the correct solution (i.e., the one in MS) independently, without the aid of another text. One example will suffice: in ll. 491-92 of VS Ludovico says that he went 'a jugar a un juego / de guardia'; VT's solution consists in substituting 'a un cuerpo / de guardia', which is MS's reading. At times, however, VT and MS offer identical divergent readings in places where the emendation of VS's errors is by no means evident: for example, ll. 1121, 1904, 2032 and 2533. But the successful emendation of these readings may be explained in terms of Vera's familiarity with Calderón's style, and all they can prove is that his claim to be restoring Calderón's words may not be at times as far-fetched as has been assumed.

Another series of variants which at first sight may appear to point to some sort of relationship between VT and MS does not, on close scrutiny, provide conclusive evidence. On some thirteen occasions, VT and MS share variants where QCL, VSL and VS offer perfectly good readings. But some of these variants are textually unimportant: both VT and MS, for example, omit the conjunction *y* in l. 868, and insert it in l. 1839. Other textually unimportant variants shared by VT and MS concern the modernization or pluralization of some words: ll. 1048, 1193, 1434, 1632, 1855, 1987, and 2649. Only two of these thirteen variants may be considered to be of some textual significance. In l. 77, both VT and MS print *sulca* instead of the more common and correct *surca,* and in l. 1642 they both substitute 'este, señor, es' for 'Aquéste es, señor'. But this is hardly conclusive evidence for assuming the existence of a link between VT and MS, especially when it is set against the fact that, unlike VT, MS reproduces l. 17 of the present edition. Had Vera checked VS against MS or a copy of it, he would surely have noticed the cancellation of this line. We must, therefore, conclude that Vera based his text of *El purgatorio* exclusively on a copy of VS corrected by himself, and that the fresh variants which are found in it are to be attributed partly to his attempts at emending and 'improving' his copy-text, partly to his personal tastes, and partly to his intimate knowledge of Calderón's style and vocabulary.

The last seventeenth-century text of *El purgatorio* that needs to be considered here is MS Res. 89 of the Biblioteca Nacional of Madrid. MS is a small quarto, fifty-six pages long, and copied thoughout by a single hand. It bears two *aprobaciones* on the last folio: the first, dated 8 October 1640, was signed in Valencia by Juan Bautista Palacio, 'calificador del Santo Oficio'; the second, dated 28 October 1652, was written in Madrid by Juan Navarro de Espinosa (or Despinosa).[122] Despite the numerous variants that exist between QCL and MS (over 300, excluding stage directions), it is highly probable that the two texts shared an ancestor different from the Calderonian original. We are led to this conclusion by the number of textual errors which the two versions have in common:

1) l. 140 of the present edition should be an hendecasyllable but scans as a thirteen-syllable line in both QCL and MS.

2) in l. 442, Ludovico states in both QCL and MS that his father was banished from Italy instead of from Ireland.

3) in l. 594, Ludovico says in QCL and MS that he went 'a la vuelta de Valencia' when he obviously means 'a la huerta de Valencia'.

4) ll. 1012-15 read in QCL and MS as follows:

> El fuego y la tierra luego
> alabanças no os previenen,
> y para este efeto tienen
> lengua el agua, y lengua el fuego?

The two elements mentioned in the last line should correspond to the two elements mentioned in the first. The first line of this *redondilla* should therefore read: 'El fuego y el agua luego'.

5) referring to the sun, both texts render l. 1038 as 'viene perdiendo esplendores' when the correct reading is 'viene vertiendo esplendores'.

Could all these mistakes have been made by Calderón himself? I think it is highly unlikely, especially in the case of 4) above. They are rather the sort of textual errors easily attributable to a scribe or compositor. All five of them were probably caused by one of two types of errors common among scribes and compositors: failure of memory and misreading of the copy-text. We must therefore conclude that in all probability QCL and MS had a common ancestor, which shall be named X, and that this ancestor is the link between them. The alternative—a direct relationship between QCL and MS—must be ruled out, since, as we shall see below, each text reproduces a number of lines which the other lacks. Having established how QCL and MS are related, we must now determine which one of them should be chosen as the copy-text for the present edition of *El purgatorio*.

To begin with, QCL bears an earlier date of composition than MS. But this is of little significance in bibliographical terms. The date of MS's first *censura* (1640) does not necessarily correspond to the date in which the text was transcribed; furthermore, MS might have been copied in 1640 from Calderón's 1628 original, whereas the compositor of QCL might have been using a scribal copy of that same original. In fact, an *autor de comedias* in 1640 was more likely to have access to Calderón's holograph than Calderón himself.[123] After selling it to an *autor,* a playwright lost all rights of ownership over his work. Thus, the texts which Calderón or his brother handed to the printers of the *Primera parte* were in all likelihood scribal copies of the originals. In any case, as we saw above, the ancestor from which both QCL and MS are descended was unlikely to have been Calderón's original. Therefore our preference for one text over the other must be determined by other factors.

A comparison between QCL and MS shows that the former presents a more complete text of *El purgatorio* than the latter. MS, for example, cancels a total of 66 of QCL's lines. All of them are the sort of lines which an *autor,* desirous to shorten his text for performance, would excise. The first cancel comprises ll. 752-55, a *redondilla* which was probably considered redundant; the second, l. 1614, seems to be an accidental omission caused by a type of error common among scribes and compositors: *homœoteleuton;*[124] the third concerns ll. 1887-

98 and is obviously designed to exclude the character of the *Angel malo*; the fourth, ll. 1935-42, was probably judged to be an unnecessary announcement of Egerio's punishment; the fifth, ll. 2555-66, contains a description of the island where the purgatory is situated, and the scribe took advantange of the recurrence of the words 'Ya prosigo', in ll. 2554 and 2566, to omit the matter in between; the sixth, ll. 3043-68, concerns another description: the *quinta de los deleites*, already found in Montalbán's *Vida y purgatorio de San Patricio* (see Note to the text 3043-68); and the seventh, comprising ll. 3210-15, is designed to reduce the number of authorities listed at the end of the play.

On the other hand, MS reproduces eleven lines of verse with no equivalent in QCL. The first two, ll. 670-71, were probably considered an unnecessary elaboration by the QCL compositor, although, by referring back to Patricio's description of the shipwreck, they do make an important contribution to the contrast between Patricio and Ludovico which we noted in our analysis of the play; the second set of additional lines in MS (ll. 872-75) involves a *redondilla* and its cancellation in QCL appears to be an attempt to condense a perhaps overlong and clumsily written exchange between Leogario and a Viejo:

	MS		*QCL*
Leog.	esto se os manda que aqui le tengais con gran cuidado sienpre en el canpo enpleado	*Leo.*	Esto se os manda, y que estè sirviendo con gran cuidado siempre en el campo ocupado.
bie.	ya digo que lo are ansi	*Vie.*	Ya digo que assi lo harè.
Leog.	que no dejeis que se ausente ques gusto del rei queste aqui sirbiendo.	*Leo.*	Mas que es lo que miro alli?
bie.	Si are		
Leog.	pobre y miserablemente mas ques lo que miro alli		

The third cancel in QCL, ll. 1541-42, may have been caused by a simple compositorial error resulting in the omission of a short sentence; while the last two, ll. 2671-72 and 2675-76, were probably intentional cuts. Because of their relative unimportance, the eleven additional lines in MS must be considered authoritative. Since there is no gap to fill or inconsistency to correct in the places where they occur, they are clearly not the sort of lines that a scribe or an *autor* would take the trouble to invent.

A second factor arguing for the superiority of QCL over MS concerns some evidence of editorial intervention. Some thirty readings in MS were tampered with. As one might expect, some of these alterations were designed to correct an error: in eleven cases the altered readings agree with the corresponding readings in QCL: ll. 582, 1750, 2030, 2061, 2062, 2101, 2148, 2259, 2371, 2416 and 2834. There are, however, seventeen other cases in which the scribe, or a corrector, modified a reading away from QCL; that is, after having originally copied QCL's reading, the scribe or corrector substituted a different and divergent version. Some of these alterations appear to have been done by the scribe who transcribed MS (for example, ll. 1024, 1147, 1642, 2654 and 2656), but others were clearly executed by a different hand: ll. 487, 492, 560, 646 and 656. These modifications on the text of MS probably represent only the tip of the iceberg; many other alterations may have been introduced by the scribe of which no visible record remains.

QCL, on the other hand, was in all likelihood corrected, or perhaps even proofread by Calderón himself. Wilson and Cruickshank believe that QCL may have appeared with the approval and possibly the active participation of the playwright himself. According to Cruickshank, José Calderón, the nominal editor of this volume, 'may have been given prepared texts by his brother; or Don Pedro may even have used his brother's name for the sake of appearances and done the work himself'.[125] Calderón's possible participation in the preparation of QCL probably accounts for the anomalous fact that, whereas the earlier QCL tends to follow the modern usage as regards the letters v and u, VSL and VS keep to the old convention of using initial v and internal u. According to Wilson, 'the use of u and v in QCL can be paralleled in some of Calderón's later autographs. He and his brother may conceivably have taken special care of these details while the book was being printed'.[126] Further proof of Calderón's editorial intervention may be found in the correction of one of Montalbán's blunders. As we saw in the section on the 'Date of composition' at the beginning of this Introduction, Dr Ortuño de Chavarría pointed out in a private *censura* of *Vida y purgatorio de San Patricio* that the town of Perpignan was not, as Montalbán apparently believed, a French possession. MS reproduces Montalbán's mistake (see ll. 443-44), which shows that Calderón based his play on a copy of an early edition of *Vida y purgatorio*.[127] In a subsequent edition, Montalbán corrected the error by substituting Toulouse for Perpignan; in QCL, however, Perpignan was retained and the mistake corrected by substituting Spain for France. The fact that the reading was corrected in such a different way implies that it was done without reference to Montalbán's emended fifth edition of 1628, and that Calderón, having noticed the blunder himself, may have had a hand in its emendation.

In conclusion, since QCL presents a more complete text of *El purgatorio* and shows signs of possible authorial intervention, we must consider it marginally superior to the unauthoritatively modified MS Res. 89. MS, however, shows evidence of reproducing a text closer to the lost Calderonian original than that in QCL. This may, of course, be due to the fact that, unlike QCL, it was not revised by Calderón. Be that as it may, MS will prove to be of great value in emending some of QCL's erroneous or doubtful readings.

* * *

In the present edition of *El purgatorio de San Patricio,* I have followed as closely as possible the text of QCL, although I have not hesitated to emend it, especially with reference to MS, whenever I deemed it necessary. Every substantial departure from the copy-text has, however, been included among the list of Variants following the text. The basic note in this list provides a lemma drawn from the present text. Variants with their sigla follow the square bracket; omission of a siglum indicates that the text concerned agrees with the text of this edition. The variants reflect the spelling of the relevant texts. In cases where several texts share the same variant, the spelling is that of the first text following the variant. All important alterations on MS have also been included among the list of Variants. My reasons for emending or refusing to emend QCL are, however, to be found among the Notes to the text.

I have endeavoured to explain in the Notes to the text any passage where the sense or the syntax might present difficulties, and also to point out internal references and explain allusions that were familiar to Calderón's audience but may no longer be so today. Also included are those passages in Montalbán's *Vida y purgatorio de San Patricio* which bear more than a passing resemblance to passages in *El purgatorio de San Patricio.* The occurrence of one of these notes is marked in each case by an asterisk in the text.

The spelling of the present edition has been modernized, save where alterations would have affected the pronunciation. Thus the forms *agora, satisfación, efetos, noturno, ansí, escurece, obscuro, estraños,* etc. have all been retained, even if their modern spellings appear elsewhere in the text. On the other hand, *Ethna* has been silently changed to *Etna, veelos* to *velos truxo* to *trujo, vno* to *uno, cavallos* to *caballos, dezid* to *decid, ay* to *hay, heriçan* to *erizan, hospedage* to *hospedaje, iornada* to *jornada, priuança* to *privanza, sufriesse* to *sufriese, quatro* to *cuatro* and *pedaços* to *pedazos.* All abbreviations have been silently resolved both in the text and in the Variants.

The stage-directions in the copy-text are themselves quite sufficient to reconstruct the movements on stage, but I have decided, for the sake of clarity, to make some additions, especially of *apartes*; all my additions have been placed between square brackets in the text and recorded in the list of Variants. Stage-directions are always referred to by the number of the line immediately following them, except in those cases where they are found between or opposite a line of verse. Finally the lines spoken in *apartes* have been placed between brackets.

NOTES

1 R. P. C. Hanson, *Saint Patrick: His Origins and Career* (Oxford: Clarendon Press, 1968), p. 1.

2 See, for example, Patrick MacBride, 'Saint Patrick's Purgatory in Spanish Literature', *Studies,* XXV (1936), 277-78.

3 See Fr. Chierigatus's 1517 letter to Isabella d'Este Gonzaga in J. P. Mahaffy, 'Two Early Tours in Ireland', *Hermathena,* XL (1914), p. 11.

4 I am indebted for this outline of the early history of the Purgatory to Shane Leslie's *Saint Patrick's Purgatory: A Record from History and Literature* (London: Burns Oates and Washbourne, 1932), and also to his *Saint Patrick's Purgatory* (Colm O Lochlainn, 1961).

5 Translated from the Irish in the *Annals of Ulster* for 1497: quoted from Leslie, *Record,* p. 63.

6 Leslie, *Record,* p. 80.

7 Leslie, *Record,* p. 80.

8 I wish to thank Father McSirley of Pettigo for giving me permission to visit the island, and Mr James Monaghan for his helpful comments and guidance.

9 This account of the vision of Tundal is an abbreviated version of that given by St John D. Seymour in his *Irish Visions of the Other-World* (London: Macmillan, 1930), 124-45.

10 Leslie, *Record,* p. xix.

11 *Irish Visions,* p. 179.

12 Seymour, *Irish Visions,* p. 179. See also MacBride, 'Saint Patrick's Purgatory', p. 278.

13 Robert Easting, 'Owein at St Patrick's Purgatory', *Medium Ævum,* LV (1986), 159-75.

14 R. Verdeyen and J. Endepols, *Tondalus' Visioen en St Patricius' Vagevuur* (Ghent, 1914).

15 For a fuller account of Owen's vision, see Seymour, *Irish Visions,* 168-74.

16 Excerpts from this poem, which contains 2302 verses and is preserved in a unique manuscript in Paris, are reproduced by Leslie, *Record,* 159-62. See also *Poésies de Marie de France,* par B. de Roquefort (Paris, 1832), and *'L'Espurgatoire Saint Patriz' of Marie de France,* ed. T. A. Jenkins (Philadelphia, 1894).

17 Leslie, *Record,* xvii-xviii.

18 Leslie, *Record,* p. 7.

19 MacBride, 'Saint Patrick's Purgatory', 279-80.

20 For a detailed account of Perellós's life, see MacBride, 'Saint Patrick's Purgatory', 280-83.

21 These foreign invaders were, of course, the French. Throughout the Middle Ages, the Roussillon was a bone of contention between the kings of Aragón and France. Although in 1258, Louis IX of France had formally renounced his rights over the Catalan county, his descendant, Philip III, invaded it in 1285. In 1343, Pedro IV of Aragón (1336-1387) captured Perpignan and annexed the Roussillon. It remained in Aragonese hands throughout the reign of John I: see Joseph O'Callaghan, *A History of Medieval Spain* (Ithaca: Cornell U. P., 1975), p. 363 *et passim*.

22 See Mahaffy, 'Two Early Tours', 3-9.

23 See R. Miguel y Planas, *Llegendes de l'altra vida* (Barcelona, 1914), p. 300; and Marcelino Menéndez Pelayo, *Orígenes de la novela,* ed. Enrique Sánchez Reyes (Santander: CSIC, 1943), vol. I, 289-90.

24 'Saint Patrick's Purgatory', p. 283.

25 Mahaffy, 'Two Early Tours', 3-9.

26 'Sur la version provençal de la relation du voyage de Raimon de Perillos au Purgatoire de Saint Patrice', *Estudios dedicados a Ramón Menéndez Pidal* (Madrid, 1956), vol. VI.

27 'Saint Patrick's Purgatory', 284-86.

28 See Victor F. Dixon, 'Saint Patrick of Ireland and the Dramatists of Golden-Age Spain', *Hermathena,* CXXI (1976), 143-44, and also Alfred Webb, *A Compendium of Irish Biography* (Dublin, 1878).

29 Dixon, 'Saint Patrick of Ireland', 143-46.

30 B. E. Entenza de Solare, 'Notas sobre *El purgatorio de San Patricio*', *Filología,* XV (1971), 31-52; Maria Grazia Profeti, *Paradigma y desviación* (Barcelona: Planeta, 1976); and Victor F. Dixon, 'Saint Patrick of Ireland'. See also the Notes to the text of this edition, which indicate all the substantial borrowings which Calderón made from Montalbán's book.

31 *Paradigma,* p. 11, n. 22.

32 Juan Pérez de Montalbán, *Vida y purgatorio de San Patricio,* ed. M. G. Profeti (Università di Pisa, 1972), p. 103. Henceforth all quotations from Montalbán's book will be taken from this edition, with page numbers inserted in the text.

33 *Paradigma,* p. 110.

34 'Notas', p. 33

35 *Vida y purgatorio,* 10-50.

36 MacBride, 'Saint Patrick's Purgatory', p. 287, n. 2.

37 'Saint Patrick of Ireland', p. 147.

38 Lope de Vega, *El mayor prodigio y purgatorio en la vida,* introduzione, testo critico e note a cura di Maria Grazia Profeti (Verona: Università di Padova, 1980).

39 The *Primera parte* could hardly have been published before this date: see Jaime Moll, 'Diez años sin licencias para imprimir comedias en los reinos de Castilla: 1625-34', *BRAE,* LIV (1974), 97-103.

40 *A Chronology of the Plays of D. Pedro Calderón de la Barca* (Toronto, Toronto U. P., 1938).

41 'Montalbán's *Vida y purgatorio de San Patricio:* Its Early Textual History', *BHS,* LII (1975), 230-32.

42 Pieces of Talavera pottery were very common in seventeenth-century Spain: see, for example, Act I, l. 740, of Lope de Vega's *Peribáñez y el comendador de Ocaña,* ed. J. M. Ruano and J. E. Varey (London: Tamesis, 1980), p. 80.

43 According to Ortuño, Peter the Hermit was responsible for starting the devotion of the rosary around 1097: see Dixon, 'Montalbán's *Vida'*, p. 231.

44 The real King Stephen was either the Irish king who ruled over Ireland when Knight Owen visited his parents before his descent to the Purgatory (see Seymour, *Irish Visions,* p. 168) or an English king under whom Knight Owen served (see Dixon, 'Saint Patrick of Ireland', p. 144).

45 All page references are to M. G. Profeti's edition of *Vida y purgatorio.*

46 See E. Merimée, *'El ayo de su hijo:* comedia de don Guillén de Castro', *BH,* VIII (1906), p. 379.

47 *Ensayo sobre la vida y obras de D. Pedro Calderón de la Barca* (Madrid: Tipografía de la Revista de Archivos, 1924), 48-49.

48 See *Cancionero de 1628,* ed. J. Manuel Blecua, anejo XXXII de la *RFE* (Madrid, 1945), p. 55, p. 60 and 490-91.

49 See E. Cotarelo y Mori, 'Actores famosos: María de Córdoba "Amarilis" y su marido Andrés de la Vega', *RABM,* X (1933), 1-33; and *Genealogía, origen y noticias de los comediantes de España,* ed. N. D. Shergold and J. E. Varey (London: Tamesis, 1985), pp. 44 and 475.

50 Among the most important works on Calderón's life and dramatic production are the following: C. Pérez Pastor, *Documentos para la biografía de D. Pedro Calderón de la Barca* (Madrid: RAE, 1905); E. Cotarelo y Mori, *Ensayo sobre la vida y obra de D. Pedro Calderón de la Barca* (Madrid: Tipografía de la Revista de Archivos, 1924); A. A. Parker, *The Allegorical Drama of Calderón* (Oxford: Dolphin, 1943); A. E. Sloman, *The Dramatic Craftsmanship of Calderón* (Oxford: Dolphin, 1958); *Critical Essays on the Theatre of Calderón,* ed. B. W. Wardropper (New York: New York U. P., 1965); chapter VI of E. M. Wilson and Duncan Moir, *A Literary History of Spain. The Golden Age: Drama,* 1492-1700 (London: Ernest Benn, 1971); Gwynne Edwards, *The Prison and the Labyrinth* (Cardiff: University of Wales Press, 1978); *Approaches to the Theater of Calderón,* ed. Michael D. McGaha (Lanham: University Press of America, 1982); C. Morón Arroyo, *Calderón, pensamiento y teatro* (Santander: Sociedad Menéndez Pelayo, 1983); *Calderón: Actas del Congreso Internacional sobre Calderón y el teatro español del Siglo de Oro* (Madrid: CSIC, 1983), 3 vols; Henry W. Sullivan, *Calderón in the German Lands and the Low Countries* (Cambridge: Cambridge U. P., 1983); F. Ruiz Ramón, *Calderón y la tragedia* (Madrid: Alhambra, 1984); and *Calderón and the Baroque Tradition,* ed. Kurt Levy *et al* (Waterloo: Wilfrid Laurier University, 1986).

51 *History of Spanish Literature* (London: John Murray, 1855), vol. II, 327-29.

52 *Calderón y su teatro,* 4th ed. (Madrid: Revista de Archivos, 1919), p. 216.

53 *Studies,* XXV (1936), 288-89.

54 6th ed. (Barcelona: Gustavo Gili, 1960), p. 550, n. 2.

55 *La comedia española (1600-1680)* (Madrid: Taurus, 1968), p. 168.

56 *Historia de la literatura española* (Madrid: Gredos, 1967), vol. II, p. 680.

57 *Spanish Drama of the Golden Age* (Oxford: Pergamon, 1969), 167-68.

58 'Notas sobre *El purgatorio*', p. 52.

59 'La extraña contrariedad en la armonía del mundo', *Estudios literarios de hispanistas norteamericanos dedicados a Helmut Hatzfeld* (Barcelona, 1974), p. 310.

60 *Paradigma y desviación,* p. 150.

61 'Saint Patrick of Ireland', 149-51.

62 Austin M. Wright, *The Formal Principle in the Novel* (Ithaca: Cornell U. P., 1982), p. 88.

63 Quoted from Susanne Langer, *Feeling and Form* (New York, 1953), p. 309.

64 See, for example, my article 'Texto y contexto de *El caballero de Olmedo* de Lope', *Criticón,* XXVII (1984), 37-53.

65 Valbuena Briones, 'La extraña contrariedad', p. 313; Dixon, 'Saint Patrick of Ireland', p. 154.

66 Cf. Victor Dixon's view of Montalbán's *Vida y purgatorio* in his 'Saint Patrick of Ireland', p. 146.

67 See A. A. Parker, *The Allegorical Drama,* p. 69 and particularly his analysis of *La vida es sueño (auto),* 197-229.

68 *Epistolæ,* 147, 2, 7; quoted from Eugène Portalié, *A Guide to the Thought of Saint Augustine,* trans. Ralph J. Bastian (Westport, Conn.: Greenwood Press, 1975), p. 115.

69 Portalié, *Guide,* p. 115.

70 *Epistolæ,* 147, 3, 8; see Portalié, *Guide,* p. 117.

71 Portalié, *Guide,* 112-13.

72 'Christian and Moor in Calderón's *El príncipe constante*', *MLR,* LIII (1958), p. 520.

73 *The Allegorical Drama,* p. 69.

74 Dixon, 'Saint Patrick of Ireland', 153-54; Valbuena Briones, 'La extraña contrariedad', 313-14; Entenza de Solare, 'Notas sobre *El purgatorio*', 48-51.

75 Cf ll. 256-61 with Matt. 8.27: 'But the men marvelled, saying, What manner of man is this, that even the winds and the sea obey him!'

76 Cf A. A. Parker, *The Allegorical Drama,* p. 206.

77 'Saint Patrick of Ireland', p. 152.

78 For the seventeenth-century attitude to Fate, see Calderón's *auto No hay más fortuna que Dios,* ed. A. A. Parker (Manchester: Manchester U. P., 1962); Elizabeth T. Howe, 'Fate and Providence in Calderón de la Barca', *BC,* XXIX (1977), 103-17; Otis H. Green, *Spain and*

the Western Tradition (Madison: University of Wisconsin Press, 1964), II, 279-337; and my article 'The Meaning of the Plot of Calderón's *El mayor monstruo del mundo'*, *BHS*, LVIII (1981), p. 237.

79   'Las comedias religiosas de Calderón', *Calderón: Actas del Congreso Internacional sobre Calderón y el teatro español del Siglo de Oro* (Madrid: CSIC, 1983), I, 195-96.

80   See also the discussion between Crisanto and Daria in Act III of *Los dos amantes del cielo* (*OC*, I, 1097-98).

81   See also E. M. Wilson, 'The Four Elements in the Imagery of Calderón', *MLR*, XXXI (1936), p. 35.

82   See my article 'The Meaning of the Plot of Calderón's *El mayor monstruo del mundo'*, 230-31. In *El purgatorio*, the equation sea=heavens is established by means of imagery: both *cielos* and *mar* are endowed with *senos* (ll. 128, 310, 663); like the sea, the *cielo* also has *ondas* (l. 556); a sailing ship brings heaven and sea closer by mixing the two elements (ll. 76-79), etc. Cf. *Las cadenas del demonio*, where San Bartolomé also arrives by sea to convert the pagan Armenians.

83   In the Old Testament the ability to control the sea is a characteristic sign of divine power: 'Thou rulest the raging of the sea: when the waves thereof arise, thou stillest them' (Psalm 89. 9). See also Genesis, 1. 9-10.

84   *De Ordine*, II, 9, 26; quoted from Portalié, *Guide*, p. 115.

85   *De vera religione*, 4, 7; see Portalié, *Guide*, p. 107.

86   In *Los dos amantes del cielo*, for example, Paganism is represented by a figure wearing a black cloak dotted with stars: *OC*, I, p. 1072b.

87   For Gwynne Edwards, '[Calderón's] secular plays illustrate two contrasting aspects of man's existence which are expressed in terms of the symbols of the labyrinth or prison', *The Prison and the Labyrinth*, p. xxv.

88   Quoted from the edition prepared by M. G. Profeti, p. 118.

89   Quoted from the edition prepared by Dan Rogers (Oxford: Pergamon, 1974), ll. 161-63.

90   See ll. 2283, 2313, 2346, 2360, etc., of the present edition.

91   There have always been two theories concerning the actual experience in St Patrick's Purgatory. For some, perhaps the majority, the pilgrims who entered the cave visited the other world in body and soul; for others, it was simply a dream. When Abbot Gilbert returned to England with the story which Henry of Saltrey eventually committed to writing, someone said that it must all have been a dream, to which Gilbert replied: 'That there were some who believed that those who entered the purgatory fell into a trance, and saw the vision in the spirit, but that the knight [Owen] had denied this, and declared that the whole was seen and felt in the body' (quoted from Denis Florence MacCarthy, *Dramas of Calderón* [London: Charles Dolman, 1853], II, p. 399). On the other hand, when in 1395 Froissart questioned Sir William Lisle, who had accompanied Richard III to Ireland, about the Purgatory, he replied that, shortly after they had entered the cave, they felt a great desire to sleep, and slept there all night. In their sleep, they dreamt marvellous dreams 'otherwise than they were wont to have in their chambers and on their bed' (quoted from Leslie, *Record*, 21-22).

92 The emphasis on death is clearly seen by the number of times the word 'muerto' and its derivatives, including 'mortal', are used in the course of the play: a total of 79 times.

93 See also ll. 1958, 1976, 2018, 2058, 2060, 2724, 2839 and 2844 and my article 'El sueño de *El purgatorio de San Patricio'*, *Calderón. Actas del Congreso Internacional sobre Calderón y el teatro español del Siglo de Oro* (Madrid: CSIC, 1983), I, 617-27. The word 'secreto' is used six times in the play, while 'misterio' and its derivatives are used eight times, 'asombro' and its derivatives 17 times, and 'admiración' and its derivatives twelve times.

94 Even Christ had to die before he could descend to hell: see Calderón's *auto* of *El divino Orfeo,* and I, Peter, 3. 18-19. There might have existed another reason for Calderón's attempt to offer a satisfactory and theologically acceptable explanation of the experiences in the Purgatory. In 1628. D. José Pellicer de Salas y Tovar, a friend of Juan Pérez de Montalbán, published a book entitled *Lecciones solemnes a las obras de Don Luis de Góngora y Argote, Píndaro Andaluz, Príncipe de los Poetas de España* in which the virtues of the Irish and the marvels of the Purgatory were extolled. In a subsequent, expurgated version, however, Pellicer described the Irish as coarse peasants and expressed grave doubts about the miracle of the Purgatory. Edward Wilson explained Pellicer's sudden change in attitude as follows: 'Su cambio de criterio sobre Lough Derg se podría explicar si suponemos que se había enterado de que la famosa caverna había sido cerrada por orden de Alejandro VI en 1497': 'Inquisición y censura en la España del siglo XVII', *Entre las Jarchas y Cernuda* (Barcelona: Ariel, 1977), p. 260.

95 See above, p. 26.

96 N. D. Shergold, *A History of the Spanish Stage* (Oxford: Clarendon Press, 1967); J. E. Varey and N. D. Shergold, *Teatros y comedias en Madrid: 1600-1650* (London: Tamesis, 1971), *Teatros y comedias en Madrid: 1651-1665* (London: Tamesis, 1973), *Teatros y comedias en Madrid: 1666-1687* (London: Tamesis, 1974); N. D. Shergold and J. E. Varey, *Teatros y comedias en Madrid: 1687-1699* (London: Tamesis, 1979), *Teatros y comedias en Madrid: 1699-1719* (London: Tamesis, 1986); and J. E. Varey and N. D. Shergold, *Los arriendos de los corrales de comedias de Madrid: 1587-1719* (London: Tamesis, 1987); J. J. Allen, *The Reconstruction of a Spanish Golden-Age Playhouse: El Corral del Príncipe, 1583-1744* (Gainesville: University Presses of Florida, 1983) and also his 'El Corral de la Cruz: Hacia la reconstrucción del primer corral de comedias de Madrid', *El mundo del teatro español en su Siglo de Oro: estudios dedicados a John E. Varey,* ed. by J. M. Ruano de la Haza (Ottawa: Dovehouse Press), in press. See also my articles, 'The Staging of Calderón's *La vida es sueño* and *La dama duende'*, *BHS,* LXIV (1987), 51-63 and 'La puesta en escena de *La mujer que manda en casa'*, *RCEH,* X (1986), 235-46; and also my Introduction to the English translation of Antonio Mira de Amescua's *El esclavo del demonio. The Devil's Slave* by Michael D. McGaha to be published in Carleton Renaissance Plays in Translation (Ottawa, Dovehouse Press).

97 See, for example, the third act of Rojas Zorrilla's *Los encantos de Medea: 'Sale en lo alto Medea sobre un dragón echando fuego'* and later *'Vuela el dragón'.* Quoted from J. E. Varey, 'Valores visuales de la comedia española en la época de Calderón', *Edad de Oro,* V (1986), p. 282.

98 'The Staging of Calderón', p. 60.

99 Francisco de B. San Román, *Lope de Vega, los cómicos toledanos y el poeta sastre* (Madrid: Góngora, 1935), 123-25.

100 See my article 'An Early Rehash of *Peribáñez'*, *BC*, XXXV (1983), 6-29.

101 MS 17.394 in the Biblioteca Nacional of Madrid, probably a scribal copy of the text of *Escogidas I*, reproduces the same stage directions.

102 See the apendix to J. E. Varey's article '"Sale en lo alto de un monte": un problema escenógrafico', to be published in *Hacia Calderón. Noveno Coloquio Anglogermano*, where among some 'datos sacados de los libros del producto y gasto de los corrales de comedias, 1709-1719' from the Archivo Municipal de Madrid, we find that 3 reals were spent on 'la rama para el monte'; 40 reals 'de los dos montes, despeño y ramas'; 20 reals 'de los dos montes y el apeo', etc.

103 See my article on 'The Staging of Calderón', p. 57.

104 See Lope Félix de Vega Carpio, *Obras escogidas,* ed. F. C. Sainz de Robles, (Madrid: Aguilar, 1974), III, p. 1273b. Future references to this volume will be inserted in the text. For more references to stage rocks, see my article on 'The Staging of Calderón', p. 52.

105 Tirso de Molina, *Obras dramáticas completas,* ed. Blanca de los Ríos (Madrid: Aguilar, 1969), I, p. 940a. Future references to this volume will be inserted in the text.

106 Lope de Vega, RAE, nueva edición, vol. XIII (Madrid: Galo Sáez, 1930), p. 495a. Future references to this volume will be inserted in the text.

107 See, however, Act III of Guillén de Castro and Mira de Amescua's *La manzana de la discordia* where two ships fight a battle floating in mid-air above the stage (Biblioteca Nacional MS 15.645) and Luis Belmonte and Antonio Martínez's *La renegada de Valladolid* where a galley carrying five actors is supposed to sail 'asta la mitad del patio' (Biblioteca Nacional MS 17.331).

108 Lope, RAE, nueva edición, vol. XII (Madrid: Sucesores de Rivadeneyra, 1930), p. 178a.

109 For the use of 'bofetones', see N. D. Shergold, *A History of the Spanish Stage,* 222-23.

110 The stage machines were placed next to the top balcony before being revealed to the public: see my article, 'Actores, decorados y accesorios escénicos en los teatros comerciales del siglo XVII," to be published in *Actor y técnica de representación del teatro clásico español*, ed. José M. Díez Borque (Madrid: Ministerio de Cultura), in press.

111 Victor F. Dixon, 'The Uses of Polymetry: An Approach to Editing the *Comedia* as Verse Drama', *Editing the Comedia,* ed. Frank P. Casa and Michael D. McGaha (Ann Arbor: Michigan Romance Studies, 1985), 104-25; Vern G. Williamsen, 'A Commentary on "The Uses of Polymetry" and the Editing of the Multi-Strophic Texts of the Spanish *Comedia"*, *ibid.*, 126-45.

112 Diego Marín, *Uso y función de la versificación dramática en Lope de Vega* (Garden City: Estudios de Hispanófila, 1968), p. 27

113 Lope's often quoted advice bears repeating here:

> Acomode los versos con prudencia
> a los sujetos de que va tratando;
> las décimas son buenas para quejas;

> el soneto está bien en los que aguardan;
> las relaciones piden los romances,
> aunque en otavas lucen por extremo;
> son los tercetos para cosas graves,
> y para las de amor las redondillas.   (ll. 305-12)

See Juan Manuel Rozas, *Significado y doctrina del 'Arte Nuevo' de Lope de Vega* (Madrid: Sociedad General Española de Librería, 1976), p. 121

114   According to Diego Marín, Lope used *octavas* mainly for 'el diálogo factual, especialmente el que contiene un conflicto dramático': *Uso y función*, p. 41.

115   At a recent exhibition of rare Spanish books at the Bibliothèque Municipale de Toulouse I saw a fifth copy, not listed by D. W. Cruickshank in vol. I of Pedro Calderón de la Barca, *Comedias*, a facsimile edition prepared by D. W. Crickshank and J. E. Varey (London: Greg International Publishers and Tamesis Books, 1973), 19 vols, of this first edition of Calderón's *Primera parte*. The copy in question is held by the Bibliothèque Rochegude in the Ville d'Albi and bears the pressmark 'Albi B. M.: Rochegude 4621'.

116   For the different types of errors that compositors are likely to make, see my article 'La edición crítica de *Cada uno para sí*', *Hacia Calderón. Tercer coloquio anglogermano*, ed. Hans Flasche (Berlin: Walter de Gruyter, 1976), 126-47.

117   'The two editions of Calderón's *Primera parte* of 1640', in Calderón, *Comedias*, vol. I, 57-74.

118   'Calderón's *Primera* and *Tercera partes:* the reprints of "1640" and "1644,"' *ibid*, 143-60.

119   'The two editions', 68-69.

120   Calderón, *La vida es sueño*, ed. A. E. Sloman (Manchester University Press, 1975), xxxvi-xxxvii.

121   For a brief analysis of Vera Tassis's editorial practice, see the Introduction to my critical edition of Calderón's *Cada uno para sí* (Kassel: Reichenberger, 1982), 50-62.

122   For other *censuras* by both Palacio and Espinosa, see my article 'Dos censores de comedias de mediados del siglo XVII', *Estudios sobre Calderón y el teatro del Siglo de Oro. Homenaje a Kurt y Roswitha Reichenberger*, ed. Francisco Mundi Pedret (Barcelona: PPU, 1988) (in press).

123   Manuscripts of plays were zealously guarded by the *autores de comedias*, as can be seen in some of the documents published by Francisco de B. San Román, *Lope de Vega*, pp. 61-62, 78-79, and 115-16.

124   See my article, 'La edición crítica', p. 133.

125   'The Textual Criticism of Calderón's *comedias:* A survey', Pedro Calderón de la Barca, *Comedias*, vol. I, p. 2.

126   'The two editions', p. 62.

127   See Victor F. Dixon, 'Saint Patrick of Ireland', p. 150.

EL PURGATORIO DE SAN PATRICIO

Comedia Famosa del Purgatorio de S. Patricio

*De D. Pedro Calderón de la Barca,
y representada por Andrés de la Vega**

Personas que hablan en ella:

Egerio, rey de Irlanda.*	Leogario.
Un Capitán.	Polonia.
Patricio.	Lesbia.
Ludovico.	Philipo.
Paulín, villano.	Locía, villana.
Un hombre embozado.	Un Angel bueno.
Dos Canónigos Reglares.	Un Angel malo.
Un viejo, de villano.	Dos villanos.

PRIMERA JORNADA

[CUADRO I]

Salen Egerio, rey de Irlanda, vestido de pieles; Leogario; un Capitán; Polonia y Lesbia, deteniéndole.

Rey.	Dejadme dar la muerte.
Leogario.	Señor, detente.
Capitán.	Escucha.

Lesbia.	Mira.

Polonia.		Advierte.

Rey.
    Dejad que desde aquella
punta vecina al sol, que de una estrella
corona su tocado,   5
a las saladas ondas despeñado,
baje quien tantas penas se apercibe:
muera rabiando quien rabiando vive.*

Lesbia.
    ¿Al mar furioso vienes?

Polonia.
    Durmiendo estabas; di, señor, ¿qué tienes?   10

Rey.
    Todo el tormento eterno*
de las sedientas furias del infierno,
partos de aquella fiera
de siete cuellos que la cuarta esfera
empaña con su aliento.   15
En fin, todo su horror y su tormento
en mi pecho se encierra,
que yo mismo a mí mismo me hago guerra
cuando, en brazos del sueño,*
vivo cadáver soy; porque él es dueño   20
de mi vida, de suerte
que vi un pálido amago de la muerte.

Polonia.
    ¿Qué soñaste, que tanto te provoca?

Rey.
    ¡Ay, hijas! Atended: que de la boca*
de un hermoso mancebo   25
—aunque mísero esclavo, no me atrevo
a injuriarle, y le alabo—;
al fin, que de la boca de un esclavo
una llama salía,
que en dulces rayos mansamente ardía,   30
y a las dos os tocaba,
hasta que en vivo fuego os abrasaba.
Yo, en medio de las dos, aunque quería
su furia resistir, ni me ofendía,
ni me tocaba el fuego.   35
Con esto, pues, desesperado y ciego,
despierto de un abismo,
de un sueño, de un letargo, un parasismo,
tanto mis penas creo,

que me parece que la llama veo,   40
y, huyendo a cada paso,
ardéis vosotras, pero yo me abraso.

Lesbia.   Fantasmas son ligeras
del sueño, que introduce estas quimeras*
al alma y al sentido.   45

        Tocan una trompeta.

Mas, ¿qué clarín es éste?
Capitán.   Que han venido
a nuestro puerto naves.
Polonia.   Dame licencia, gran señor, pues sabes
que un clarín, cuando suena,
es para mí la voz de la sirena;   50
porque a Marte inclinada,
del militar estruendo arrebatada,
su música me lleva
los sentidos tras sí; porque le deba
fama a mis hechos, cuando   55
llegue en ondas de fuego navegando
al sol mi nombre, y con veloces alas
allí compita a la deidad de Palas.*
([*Ap.*] Aunque más parte debe a este cuidado,
el saber si es Filipo el que ha llegado.)   *Vase.*   60
Leogario.   Sal, señor, a la orilla*
del mar, que la cabeza crespa humilla
al monte, que le da, para más pena,
en prisión de cristal, cárcel de arena.
Capitán.   Divierta tu cuidado   65
este monstruo nevado,
que en sus ondas dilata
a espejos de zafir, marcos de plata.*
Rey.   Nada podrá alegrarme.
Tanto pudo el dolor enajenarme   70
de mí, que ya sospecho
que es Etna el corazón, volcán el pecho.*
Lesbia.   Pues, ¿hay cosa a la vista más süave*
que ver quebrando vidrios una nave,

siendo en su azul esfera,   75
del viento pez, y de las ondas ave,
cuando corre veloz, surca ligera,
y de dos elementos amparada,
vuela en las ondas y en los vientos nada?
Aunque agora no fuera   80
su vista a nuestros ojos lisonjera,
porque el mar alterado,
en piélagos de montes levantado,*
riza la altiva frente,
y sañudo Neptuno,   85
parece que, importuno,
turbó la faz y sacudió el tridente.
Tormenta el marinero se presuma,
que se atreven al cielo
montes de sal, pirámides de yelo,   90
torres de nieve, alcázares de espuma.

     Sale Polonia.

Polonia.   ¡Gran desdicha!
Rey.   Polonia,
    ¿qué es eso?
Polonia.   Esa inconstante Babilonia,*
    que al cielo se levanta
    —tanta es su furia y su violencia tanta—   95
    con un furor sediento
    —¿quién ha visto con sed tanto elemento?—
    en sus entrañas bárbaras esconde
    diversas gentes, donde
    a consagrar se atreve   100
    sepulcros de coral, tumbas de nieve
    en bóvedas de plata;
    porque el dios de los vientos los desata*
    de la prisión que asisten;
    y ellos, sin ley y sin aviso, embisten   105
    a ese bajel, cuyo clarín sonaba,
    cisne que sus exequias se cantaba.
    Yo, desde aquella cumbre,
    que al sol se atreve a profanar la lumbre,

	contenta le advertía,	110
	por ver que era Filipo el que venía;	
	Filipo, que en los vientos, lisonjeras	
	tus armas, tremolaban sus banderas;	
	cuando su estrago admiro	
	y, cada voz envuelta en un suspiro,	115
	desvanecí primero sus despojos,*	
	efeto de mis labios y mis ojos,	
	porque dieron veloces	
	más agua y viento en lágrimas y voces.	
Rey.	Pues, dioses inmortales,	120
	¿cómo probáis con amenazas tales	
	tanto mi sufrimiento?	
	¿Queréis que suba a derribar violento	
	ese alcázar azul, siendo segundo	
	Nembrot,* en cuyos hombros	125
	pueda escaparse el mundo,	
	sin que me caüse asombros	
	el ver rasgar los senos	
	con rayos, con relámpagos y truenos?	

      Dentro Patricio.

Patricio.	¡Ay de mí!	
Leogario.	Triste voz.	
Rey.	¿Qué es eso?	
Capitán.	A nado	130
	un hombre se ha escapado	
	de la crüel tormenta.	
Lesbia.	Y con sus brazos dar la vida intenta	
	a otro infelice, cuando	
	estaba con la muerte agonizando.	135
Polonia.	Mísero peregrino,	
	a quien el hado trujo, y el destino,	
	a tan remota parte,	
	norte vocal, mi voz podrá guiarte	
	si me escuchas, pues* por animarte hablo:	140
	llegad.	

Salen mojados Patricio y Ludovico, abrazados los dos, y caen saliendo cada uno a su parte.

Patricio.	¡Válgame Dios!	
Ludovico.	¡Válgame el diablo!	
Lesbia.	A piedad han movido.	
*Polonia.**	Si no es a mí, que nunca la he tenido.	
Patricio.	Señores, si desdichas	
	suelen mover los corazones dichas,	145
	sucedidas no espero	
	que pueda hallarse corazón tan fiero	
	a quien no ablanden. Mísero y rendido,	
	piedad por Dios a vuestras plantas pido.	
Ludovico.	Yo no, que no la quiero;	150
	que de los hombres ni de Dios la espero.	
Rey.	Decid quién sois; sabremos	
	la piedad y hospedaje que os debemos.	
	Y porque no ignoréis quién soy, primero	
	mi nombre he de decir; porque no quiero	155
	que me habléis indiscretos,	
	ignorando quién soy, sin los respetos	
	a que mi vista* os mueve,	
	y sin la adoración que se me debe.	
	Yo soy el rey Egerio,*	160
	digno señor deste pequeño imperio;	
	pequeño porque es mío,	
	que hasta serlo del mundo desconfío	
	de mi valor. El traje,	
	más que de rey, de bárbaro salvaje	165
	traigo porque quisiera	
	fiera ansí parecer, pues que soy fiera.	
	A dios ninguno adoro,	
	que aun sus nombres ignoro,*	
	ni aquí los adoramos ni tenemos,	170
	que el morir y el nacer sólo creemos.	
	Ya que sabéis quién soy, y que fue mucha	
	mi majestad, decid quién sois.	
Patricio.	Escucha:	
	mi propio nombre es Patricio,*	

mi patria Irlanda o Hibernia,*   175
mi pueblo Emptor,* por humilde
y pobre sabido apenas.
Este, entre el setentrión
y el occidente, se asienta
en un monte, a quien el mar   180
ata con prisión estrecha,
en la isla que llamaron,
para su alabanza eterna,
gran señor, isla de santos:
tantos fueron los que en ella   185
dieron la vida al martirio
en religiosa defensa
de la fe; que ésta en los fieles
es la última fineza.
De un caballero irlandés,   190
y de una dama francesa,*
su casta esposa, nací,
a quien debí en mi primera
edad—fuera deste ser—
otro de mayor nobleza,   195
que fue la luz de la fe
y religión verdadera
de Cristo, por el carácter
del santo bautismo, puerta
del cielo como primero   200
sacramento de su iglesia.
Mis piadosos padres, luego*
que pagaron esta deuda
común que el hombre casado
debió a la naturaleza,   205
se retiraron a dos
conventos, donde en pureza
de castidad conservaron
su vida hasta la postrera
línea fatal; que rindieron,   210
con mil católicas muestras,
el espíritu a los cielos
y el cadáver a la tierra.
Huérfano entonces quedé
debajo de la tutela   215

de una divina matrona,*
en cuyo poder apenas
cumplí un lustro o cinco edades
del sol, que en doradas vueltas
cinco veces ilustró* 220
doce signos y una esfera,
cuando mostró Dios en mí
su divina omnipotencia;
que de flacos instrumentos
usa Dios porque se vea 225
más su majestad, y a El solo
se atribuyan sus grandezas.
Fue, pues—y saben los cielos
que no es humana soberbia,
sino celo religioso 230
de que sus obras se sepan,
el contarlas yo—, que un día*
un ciego llegó a mis puertas,
llamado Gormas,* y dijo:
«Dios me envía aquí, y ordena 235
que en su nombre me des vista».
Yo, rendido a su obediencia,
la señal de la cruz hice
en sus ojos, y con ella
pasaron restituidos 240
a la luz, de las tinieblas.
Otra vez, pues, que los cielos,*
rebozados entre densas
nubes, con rayos de nieve
hicieron al mundo guerra, 245
cayó tanta sobre un monte
que, desatada y deshecha
a los rigores del sol,
inundaba de manera
las calles que ya las casas, 250
sobre las ondas violentas,
eran naves de ladrillo,
eran bajeles de piedra.
¿Quién vio fluctuar por montes?
¿Quién vio navegar por selvas? 255
La señal de la cruz hice

en las aguas y, suspensa
la lengua,* en nombre de Dios
les mandé que se volvieran
a su centro y, recogidas,   260
dejaron la arena seca.
¡Oh, gran Dios! ¡Quién no te alaba!
¡Quién no te adora y confiesa!
Prodigios puedo deciros
mayores, mas la modestia   265
ata la lengua, enmudece
la voz y los labios sella.
Crecí, en fin, más inclinado
que a las armas a las ciencias;
y sobre todas me di   270
al estudio de las letras
divinas y a la lección
de los santos, cuya escuela,
celo, piedad, religión,
fe y caridad nos enseña.   275
En este estudio ocupado,
salí un día a la ribera*
del mar con otros amigos
estudiantes, cuando a ella
llegó un bajel, y arrojando   280
de sus entrañas a tierra
hombres armados, cosarios*
que aquestos mares infestan,
nos cautivaron a todos;
y por no perder la presa,   285
se hicieron al mar, y dieron
al libre viento las velas.
General deste bajel
Filipo de Roqui era,
en cuyo pecho se hallara,   290
a perderse, la soberbia.
Este, pues, algunos días
tierras y mares molesta
de toda Irlanda, robando
las vidas y las haciendas.   295
Sólo a mí me reservó;
porque me dijo que, en muestra

de rendimiento, me había
de traer a tu presencia
para esclavo tuyo. ¡Oh, cuánto,   300
ignorante, el hombre yerra,
que, sin consultar a Dios,
intentos suyos asienta!
Dígalo en el mar Filipo,
pues hoy, a vista de tierra,   305
estando sereno el cielo,
manso el aire, el agua quieta,
vio en un punto, en un instante,
sus presunciones deshechas,
pues en sus cóncavos senos   310
brama el viento, el mar se queja,
montes sobre montes fueron
las ondas, cuya eminencia
moja el sol, porque pretende
apagar sus luces bellas.   315
El fanal* junto a los cielos
pareció errado cometa,
o exhalación abortada,
o desencajada estrella.
Otra vez, en lo profundo   320
del mar tocó las arenas,
donde, desatado en partes,
fueron las ondas funestas
monumentos de alabastro
entre corales y perlas.   325
Yo—a quien el cielo no sé
para qué efeto conserva,
siendo tan inútil—pude,
con más aliento y más fuerza,
no sólo darme la vida   330
a mí, pero aun en defensa
deste valeroso joven
aventurarla y perderla;
porque no sé qué secreto
tras él me arrebata y lleva,   335
que pienso que ha de pagarme
con grande logro* esta deuda.
En fin, por piedad del cielo,

	salimos los dos a tierra,	
	donde espera mi desdicha,	340
	o donde mi dicha espera,	
	pues somos vuestros esclavos.	
	Que nuestro dolor os mueva,	
	que nuestro llanto os ablande,	
	nuestro mal os enternezca,	345
	nuestra aflicción os provoque,	
	y os obliguen nuestras penas.	
Rey.	Calla, mísero cristiano,	
	que el alma, a tu voz atenta,	
	no sé que afecto la rige,	350
	no sé qué poder la fuerza	
	a temerte y adorarte,	
	imaginando que seas	
	tú el esclavo que en un sueño	
	vi respirando centellas,	355
	vi escupiendo vivo fuego,	
	de cuya llama violenta	
	eran mariposas mudas*	
	mis hijas, Polonia y Lesbia.	
Patricio.	La llama que de mi boca*	360
	salía es la verdadera	
	dotrina del evangelio;	
	ésta es mi palabra, y ésta	
	he de predicarte a ti	
	y a tus gentes, y por ella	365
	cristianas vendrán a ser	
	tus dos hijas.	
Rey.	Calla, cierra	
	los labios, cristiano vil;	
	que me injurias y me afrentas.	
Lesbia.	Detente.	
Polonia.	¿Pues tú, piadosa,	370
	te pones a su defensa?	
Lesbia.	Sí.	
Polonia.	Déjale dar la muerte.	

Lesbia.	No es justo que a manos muera
	de un rey. ([*Ap.*] No es sino piedad
	que tengo a cristianos ésta.)

375

Polonia.	Si este segundo Joseph,*
	como Joseph interpreta
	sueños al Rey, de su efeto
	ni dudes, señor, ni temas;
	porque si el quemarme yo
	es imaginar que pueda
	ser cristiana, es imposible
	tan grande como que vuelva
	yo misma segunda vez
	a vivir después de muerta.
	Y porque a tan justo enojo
	el sentimiento diviertas,
	oigamos quién es esotro
	pasajero.

380

385

Ludovico.	Escucha atenta,
	hermosísima deidad,
	porque así mi historia empieza.
	Gran Egerio, rey de Irlanda,
	yo soy Ludovico Enio,
	cristiano también, que sólo
	en esto nos parecemos
	Patricio y yo, aunque también
	desconvenimos en esto,
	pues después de ser cristianos
	somos los dos tan opuestos,
	que distamos cuanto va
	desde ser malo a ser bueno.
	Pero, con todo, en defensa
	de la fe que adoro y creo,
	perderé una y mil veces
	—tanto la estimo y la precio—
	la vida. Sí, ¡voto a Dios!,
	que pues le juro le creo.
	No te contaré piedades
	ni maravillas del cielo
	obradas por mí; delitos,
	hurtos, muertes, sacrilegios,

390

395

400

405

410

traiciones, alevosías
te contaré; porque pienso
que aun es vanidad en mí
gloriarme de haberlas hecho.   415
En una de muchas islas*
de Irlanda nací, y sospecho
que todos siete planetas,*
turbados y descompuestos,
asistieron desiguales   420
a mi infeliz nacimiento.*
La Luna me dio inconstancia
en la condición; ingenio
Mercurio—mal empleado,
mejor fuera no tenerlo—;   425
Venus lasciva me dio
apetitos lisonjeros,
y Marte, ánimo crüel:
¿qué no darán Marte y Venus?;
el Sol me dio condición   430
muy generosa, y, por serlo,
si no tengo qué gastar,
hurto y robo cuanto puedo;
Júpiter me dio soberbia
de bizarros pensamientos;   435
Saturno, cólera y rabia,
valor y ánimo resuelto
a traiciones; y a estas causas
se han seguido los efetos.
Mi padre, por ciertas cosas*   440
que callo por su respeto,
de Irlanda* fue desterrado.
Llegó a Perpiñán,* un pueblo
de España,* conmigo, entonces
de diez años poco menos,   445
y a los diez y seis murió:*
¡téngale Dios en el cielo!
Huérfano, quedé en poder
de mis gustos y deseos,
por cuyo campo corrí   450
sin rienda alguna ni freno.
Los dos polos de mi vida

eran mujeres y juegos,
en quien toda se fundaba:
¡mira sobre qué cimientos!   455
No te podrá referir
mi lengua aquí por extenso
mis sucesos, pero haré
una breve copia dellos.
Por forzar a una doncella,   460
di la muerte a un noble viejo,
su padre; y, por su mujer,
a un honrado caballero
en su cama maté, donde
con ella estaba durmiendo,   465
y entre su sangre bañado*
su honor, teatro funesto
fue el lecho, mezclando entonces
homicidio y adulterio.
Y, al fin, el padre y marido   470
por su honor las vidas dieron,
que hay mártires del honor:
¡téngalos Dios en el cielo!
Huyendo deste castigo,
pasé a Francia, donde pienso   475
que no olvidó la memoria
de mis hazañas el tiempo,
porque asistiendo a las guerras*
que entonces se dispusieron
entre Ingalaterra y Francia,   480
yo, debajo del gobierno
de Estéfano, rey francés,*
milité, y en un encuentro
que se ofreció me mostré
tanto que me dio por premio   485
de mi valor el Rey mismo
una bandera. No quiero
decirte si le pagué
aquella deuda. Bien presto
volví a Perpiñán honrado,   490
y entrando a jugar a un cuerpo
de guardia, sobre nonada
di un bofetón a un sargento,

maté a un capitán, herí
a unos tres o cuatro dellos.   495
A las voces acudió
toda la justicia luego,
y sobre tomar iglesia,
ya en la resistencia puesto,
a un corchete di la muerte   500
—algo había de hacer bueno*
entre tantas cosas malas—:
¡téngale Dios en el cielo!
Toméla, en fin, en un campo,*
en un sagrado convento   505
de religiosas que estaba
fundado en aquel desierto.
Allí estuve retirado
y regalado en estremo,
por ser allí religiosa   510
una dama,* cuyo deudo*
la puso en obligación
deste cuidado. Mi pecho,
como basilisco ya,
trocó la miel en veneno;   515
y pasando despeñado
desde el agrado al deseo,
monstruo que de lo imposible
se alimenta, vivo fuego
que en la resistencia crece,   520
llama que la aviva el viento,
disimulado enemigo
que mata a su propio dueño,
y, en fin, deseo en un hombre
que, sin dios y sin respeto,   525
lo abominable, lo horrible
estima por sólo serlo,
me atreví ... Turbada aquí
—si desto, señor, me acuerdo—
muda fallece la voz,   530
triste desmaya el acento,
el corazón a pedazos
se quiere salir del pecho,
y, como entre obscuras sombras,

se erizan barba y cabellos,   535
y yo, confuso y dudoso,
triste y absorto, no tengo
ánimo para decirlo,
si le tuve para hacerlo.
Tal es mi delito, en fin,   540
de detestable, de feo,
de sacrílego y profano
—harto ansí te lo encarezco—
que, de haberle cometido,
alguna vez me arrepiento.   545
En fin, me atreví una noche,
cuando el noturno silencio
construía a los mortales
breves sepulcros del sueño;
cuando los cielos tenían   550
corrido el escuro velo,
luto que ya, por la muerte
del sol, entapiza el viento,
y en sus exequias las aves
nocturnas, en vez de versos,   555
cantan caïstros,* y en ondas*
de zafir, con los reflejos,
las estrellas daban luces
trémulas al firmamento;
en fin, esta noche entré   560
por las paredes de un huerto,
de dos amigos* valido,
que para tales sucesos
no falta quien acompañe,
y, entre el espanto y el miedo,   565
pisando en sombras mi muerte,
llegué a la celda—aquí tiemblo
de acordarme—donde estaba
mi parienta, que no quiero
por su respeto nombrarla,   570
ya que no por mi respeto.
Desmayada a tanto horror,
cayó rendida en el suelo,
de donde pasó a mis brazos,
y, antes que vuelta en su acuerdo   575

se viese, ya estaba fuera
del sagrado en un desierto,
adonde, si el cielo pudo
valerla, no quiso el cielo.
Las mujeres, persuadidas   580
a que son de amor efetos
las locuras, fácilmente
perdonan, y así, siguiendo
al llanto el agrado, halló
a sus desdichas consuelo;   585
aunque ellas eran tan grandes,
que miraba en un sujeto
escalamiento, violencia,
incesto, estupro, adulterio
al mismo Dios como esposo,   590
y, al fin, al fin, sacrilegio.
Desde allí, en efeto, en dos
caballos, hijos del viento,
a la huerta* de Valencia
fuimos, adonde, fingiendo*   595
que era mi mujer, vivimos
con poca paz mucho tiempo;
porque yo, hallándome—ya
gastado el poco dinero
que tenía—sin amigos,   600
ni esperanza de remedio
de aquestas necesidades,
para la hermosura apelo
de mi fingida mujer.
(Si hubiera de cuanto he hecho   605
tener vergüenza de algo,
sólo la tuviera desto,
porque es la última bajeza
a que llega el más vil pecho,
poner en venta el honor,   610
y poner el gusto en precio.)
Apenas, desvergonzado,
a ella le doy parte desto,
cuando cuerda me asegura,
sin estrañar el intento.   615
Pero, apenas a su rostro,

señor, las espaldas vuelvo,
cuando, huyendo de mí, toma
sagrado en un monasterio.
Allí, por orden de un santo*   620
religioso, tuvo puerto
de la tormenta del mundo,
y allí murió, dando ejemplo*
su culpa y su penitencia:
¡téngala Dios en el cielo!   625
Yo, viendo que a mis delitos
ya les viene el mundo estrecho,
y que me faltaba tierra
que me sufriese, resuelvo
el dar la vuelta a mi patria,   630
porque en ella, por lo menos,
estaría más seguro,
como mi amparo y mi centro,
de mis enemigos. Tomo
el camino y, en fin, llego   635
a Irlanda, que como madre
me recibió; pero luego
fue madrastra para mí,
pues al abrigo de un puerto
llegué, buscando viaje,*   640
donde estaban encubiertos
en una cala cosarios,
y Filipo, que era dellos
general, me cautivó,
después, señor, de haber hecho   645
tan peligrosa defensa
que, aficionado a mi esfuerzo,
Filipo me aseguró
la vida. Lo que tras esto
sucedió, ya tú lo sabes;   650
que fue que, enojado el viento,
nos amenazó crüel
y nos castigó soberbio,
haciendo en mares y montes
tal estrago y tal esfuerzo,   655
que éstos hicieron donaire
de la soberbia de aquéllos.

De trabucos de cristal
combatidos sus cimientos,
caducaron las ciudades   660
vecinas, y por desprecio,
tiraba el mar a la tierra,
que es munición de sus senos,
en sus nácares las perlas
que engendra el veloz aliento   665
del aurora con rocío,
lágrimas de fuego y hielo.
y, al fin, para que en pinturas
no se vaya todo el tiempo,
sin bóvedas de alabastro,*   670
sin salados monumentos,
se fueron todas sus gentes
a cenar a los infiernos.
Yo, que era su convidado,
también me fuera tras ellos,   675
si Patricio—a quien no sé
por qué causa reverencio,
mirando su rostro siempre
con temor y con respeto—
no me sacara del mar,   680
cuando ya rendido el pecho,
iba bebiendo la muerte,
agonizando en veneno.
Esta es mi historia, y agora,
ni vida ni piedad quiero,   685
ni que mis penas te ablanden,
ni que te obliguen mis ruegos,
sino que me des la muerte,
para que acabe con esto
vida de un hombre tan malo,   690
que a penas* podrá ser bueno.

Rey.   Ludovico, aunque hayas sido
cristiano, a quien aborrezco
con tantas veras, estimo
tanto tu valor, que quiero   695
que en ti y Patricio se vea
mi poder a un mismo tiempo;
pues, como levanto, humillo,

y como castigo, premio.
Y así, a ti te doy los brazos   700
para levantarte en ellos
a mi privanza, y a ti

Arrójale en el suelo a Patricio, y pónele el pie.

te arrojo a mis plantas puesto,
significando a los dos
las balanzas deste peso.   705
Y porque veas, Patricio,
cuánto estimo y cuánto precio
tus amenazas, la vida
te dejo. Vomita el fuego
de la palabra de Dios,   710
para que veas en esto
que ni adoro su deidad,
ni sus maravillas temo.
Vive, pues, pero de suerte
pobre, abatido, y sujeto,   715
que has de servir en el campo,
como inútil; y así, quiero
que me guardes los ganados
que por esos valles tengo.
A ver si, para que salgas   720
a derramar ese fuego,
siendo mi esclavo, te saca
tu Dios de ese cautiverio.   *Vase.*

Lesbia.	A piedad Patricio mueve.	
Polonia.	Sino a mí, que no la tengo;	725
	y a moverme alguno, antes	
	fuera Ludovico Enio.	*Vanse.*
Patricio.	Ludovico, cuando humilde	
	en tierra estoy y te veo	
	en la cumbre levantado,	730
	mayor lástima te tengo	
	que envidia. Cristiano eres,	
	aprovéchate de serlo.	

Ludovico.	Déjame gozar, Patricio,	
	de los aplausos primero	735
	que me ofrece la fortuna.	
Patricio.	Una palabra—si puedo	
	esto contigo—te pido.	
Ludovico.	¿Cuál es?	
Patricio.	Que vivos o muertos,	
	en este mundo otra vez	740
	los dos habemos de vernos.	
Ludovico.	¿Tal palabra pides?	
Patricio.	Sí.	
Ludovico.	Yo la doy.	
Patricio.	Y yo la aceto.	*Vanse, y*

[CUADRO II]

Salen Filipo y Locía, villana.

Locía.	Perdonad si no he sabido	
	serviros y regalaros.	745
Filipo.	Más tengo que perdonaros	
	de lo que os ha parecido,	
	pues, cuando os llego a mirar,	
	entre un pesar y un placer,	
	os tengo que agradecer,	750
	y os tengo que perdonar:	
	que agradecer la acogida,	
	que perdonar un mal fuerte,	
	pues me habéis dado la muerte	
	y me habéis dado la vida.	755
Locía.	A tan discretas razones,	
	ruda y ignorante soy;	
	y así los brazos os doy	
	por quitarme de quistiones.	
	Ellos sabrán responder,	760
	callando, por mi deseo.	

Sale Paulín, villano, y velos abrazados.

Paulín.	([*Ap.*] ¡Ay, señores, lo que veo!,	
	que abrazan a mi mujer.	
	¿Qué me toca hacer aquí?	
	¿Matarlos? Sí, yo lo hiciera,	765
	si una cosa no temiera,	
	y es que ella me mate a mí.)	
Filipo.	Bella serrana,* quisiera,	
	para pagar la posada,	
	que esta sortija estremada	770
	estrella del cielo fuera.	
Locía.	No me tengáis por mujer	
	que atenta al provecho vivo,	
	mas por vuestra la recibo.	
Paulín.	([*Ap.*] ¿Y aquí qué me toca hacer?	775
	Pero si marido soy,	
	y sortija miro dar,	
	lo que me toca es callar.)	
Locía.	Otra vez el alma os doy	
	en los brazos, que no tengo	780
	otra joya ni cadena.	
Filipo.	Y la prisión es tan buena,	
	que la memoria entretengo	
	con vos de tantos pesares	
	como, en sucesos tan tristes,	785
	me causaron, ya lo vistes,	
	esos cristalinos mares.	
Paulín.	([*Ap.*] ¡Ay, otra vez la abrazó!	
	¡Ah, señor!, ¿no echa de ver	
	que es aquésa mi mujer?)	790
Filipo.	Vuestro marido nos vio.	
	Quiero retirarme dél;	
	luego vendré. ([*Ap.*] Si esto vieras,	
	Polonia, quizá sintieras	
	que mi desdicha crüel	795
	me trujese a tal estado.	
	¡Oh, mar, al cielo atrevido!,	

| | ¿en qué entrañas han cabido | |
| | las vidas que has sepultado?) | *Vase.* |

Paulín.	([*Ap.*] Ya se fue, bien puedo habrar	800
	alto.) Esta vez, mi Locía,	
	cogíte, por vida mía,	
	y esta tranca me ha de dar	
	venganza.	

| Locía. | ¡Qué malicioso! | |
| | ¡Oh, fuego de Dios en ti! | 805 |

Paulín.	Si yo los abrazos vi,	
	¿es malicia o es forzoso	
	lance que no pudo ser	
	malicia?	

Locía.	Malicia ha sido,	
	que no ha de ver un marido	810
	todo aquello que ha de ver,	
	sino la mitad no más.	

Paulín.	Yo digo que soy contento,	
	y la condición consiento;	
	y pues dos abrazos das	815
	a ese diablo de soldado	
	que el mar acá nos echó,	
	no quiero haber visto yo	
	más del uno, y si he pensado	
	darte cien palos por dos	820
	abrazos, hecha la cuenta,	
	al uno caben cincuenta.	
	Y así juro a non de Dios,	
	que pues la sentencia das	
	y la cuenta está tan clara,	825
	que has de llevarlos, repara,	
	cincuenta palos no más.	

Locía.	Ya es mucha maridería	
	ésa; y aunque más lo sea,	
	basta que un marido vea	830
	la cuarta parte.	

Paulín.	Locía,	
	yo aceto la apelación;	
	paciencia y aparejarte,	

que también la cuarta parte
veinte y cinco palos son.   835

Locía.   No ha de hacer eso quien quiere
la paz.

Paulín.   ¿Pues qué?

Locía.   Entre los dos,
no creer lo que veis vos,
sino lo que yo os dijere.

Paulín.   Para eso mijor es,   840
Locía de Bercebú,
que tomes la tranca tú,
y que con ella me des.
Estarás contenta, sí,
dando en amorosos lazos,   845
al otro los dos abrazos,
y los cien palos a mí.

Sale Filipo.

Filipo   ([Ap.] ¿Si se habrá el villano ido?)

Paulín.   A buen tiempo habéis llegado.
Oídme, señor soldado: 850
yo estoy muy agradecido
al gusto que me habéis hecho
hoy en quereros valer
de mi choza y mi mujer.
Y aunque estoy muy satisfecho   855
por tantas causas de vos,
ya que os halláis bueno y sano,
tomá el camino en la mano,
y a la bendición de Dios;
porque no quiero esperar   860
que, haciendo en mi casa guerra,
salga a ser carne en la tierra,*
quien fue pescado en el mar.

Filipo.   Malicia es que habéis tenido,
sin culpa y sin ocasión.   865

| *Paulín.* | Con razón o sin razón, |
| | o soy o no soy marido. |

Salen Leogario, y un villano viejo, y Patricio de esclavo.

Leogario.	Esto se os manda, y que esté	
	sirviendo con gran cuidado	
	siempre en el campo ocupado.*	870
Viejo.	Ya digo que así lo haré.	
Leogario.	Que no dejéis que se ausente,	
	que es gusto del Rey que esté	
	aquí sirviendo ...	
Viejo.	Sí haré.	
Leogario.	... pobre y miserablemente.	875
	Mas ¿qué es lo que miro allí?	
	Filipo sin duda es.	
	Gran señor, dame tus pies.	
Paulín.	¿Gran señor le llamó?	
Locía.	Sí;	
	agora me pagarás	880
	aquí, Paulín, los porrazos.	
Filipo.	Leogario, dame los brazos.	
Leogario.	Honor en ellos me das.	
	¿Es posible que te veo	
	con vida?	
Filipo.	Aquí me arrojó	885
	el mar proceloso; y yo,	
	siendo mísero trofeo	
	de la fortuna, he vivido	
	de villanos hospedado,	
	hasta haberme reparado	890
	de las penas que he sufrido.	
	Y fuera de eso, también	
	el temer la condición	
	del Rey, porque su ambición,	
	¿a quién se rinde?, o ¿a quién	895
	con agrados escuchó	
	tragedias de la fortuna?	
	Sin esperanza ninguna	

	he vivido, hasta que yo	
	hallase quien sus enojos	900
	templase en mi triste ausencia,	
	y el Rey me diese licencia	
	para llegar a sus ojos.	

Leogario.   Ya la tienes conseguida,
porque de tu muerte está   905
tan triste, que te dará,
en albricias de la vida,
   la gracia. Vente conmigo,
que ya sucesos advierte
de la fortuna, y volverte   910
a su privanza me obligo.

Paulín.   De mi pasado magín*
pedir perdón me anticipo.
Ya sabrá el señor Filipo,
que yo soy un Juan Paulín.   915
   Perdóneme su mesté,
si mi cólera le aflige,
que yo en todo cuanto dije,
por boca de ganso* habré.
   A servirle me acomodo,   920
y aquí estamos noche y día
mi cabaña, yo y Locía,
y sírvase Dios con todo.

Filipo.   Yo voy muy agradecido
al hospedaje y espero   925
pagarle.

Paulín.   Pues lo primero
que allá os la llevéis os pido,
   pues con sólo esto se sella
un grande gusto en los dos:
a ella porque va con vos,   930
y a mí por quedar sin ella.*

       Vanse Filipo y Leogario.

Locía.   ¿Hay amor tan desdichado
como el mío, que ha nacido
en los brazos del olvido?

Viejo.	Paulín, ya que hemos quedado	935
	solos, dad los brazos luego	
	a este nuevo labrador	
	que tenemos.	
Patricio.	Yo, señor,	
	soy un esclavo y os ruego	
	que como a tal me tratéis.	940
	Para servir vengo aquí	
	al más humilde, y así	
	os suplico me mandéis	
	como a esclavo, pues lo soy.	
Viejo.	¡Qué modestia!	
Paulín.	¡Qué humildad!	945
Locía.	Y ¡qué buen talle! En verdad,	
	que enficionándome voy	
	a su cara.	
Paulín.	¿Habrá llegado	
	—aquí para entre los dos—	
	aquí alguno de quien vos	950
	no os hayáis inficionado,	
	Locía?	
Locía.	Sois un villano,	
	y en queriéndome celar,	
	me tengo de enamorar	
	de todo el género humano. *Vase.*	955
Viejo.	Paulín, de tu ingenio fío	
	una cosa en que me va	
	la vida.	
Paulín.	Decí, pues ya	
	sabéis el pergeño* mío.	
Viejo.	Este esclavo que aquí ves,	960
	sospecho que no es seguro,	
	y yo guardarle procuro	
	por lo que sabrás después.	
	A ti te hago guarda fiel	
	de su persona, y así	965
	te mando que desde aquí	
	nunca te me apartes dél. *Vase.*	

Paulín.	Buena comisión me han dado.	
	Vuestra guarda cuidadosa*	
	soy, y vos la primer cosa	970
	que en mi vida habré guardado.	
	Gran cuidado he de tener,	
	ni he de comer ni dormir;	
	por eso, si os queréis ir,	
	muy bien lo podéis hacer	975
	desde luego: y aún me haréis	
	un gran bien, pues despenado	
	quedaré deste cuidado.	
	Idos, por Dios.	
Patricio.	Bien podéis	
	fiaros de mí, que no soy,	980
	aunque esclavo, fugitivo.	
	¡Oh, Señor, qué alegre vivo*	
	en las soledades hoy!,	
	pues aquí podrá adoraros	
	el alma contemplativa,	985
	teniendo la imagen viva	
	de vuestros prodigios raros.	
	En la soledad se halló	
	la humana filosofía,	
	y la divina querría	990
	penetrar en ella yo.	
Paulín.	Decidme, ¿con quién habláis	
	agora de aquese modo?	
Patricio.	Causa primera de todo	
	sois, Señor, y en todo estáis.	995
	Estos cristalinos cielos*	
	que constan de luces bellas,	
	con el sol, luna y estrellas,	
	¿no son cortinas y velos	
	del Impíreo soberano?*	1000
	Los discordes elementos,	
	mares, fuego, tierra y vientos,	
	¿no son rasgos desa mano?	
	¿No publican vuestros loores,	
	y el poder que en vos se encierra,	1005
	todos? ¿No escribe la tierra	

con caracteres de flores
  grandezas vuestras? El viento
en los ecos repetido,
  ¿no publica que habéis sido   1010
autor de su movimiento?
  El fuego y el agua luego,
¿alabanzas no os previenen,
y para este efeto tienen
lengua el agua y lengua el fuego?   1015
  Luego aquí mejor podré,
inmenso Señor, buscaros,
pues en todo puedo hallaros.
Vos conocisteis la fe
  que es de mi obediencia indicio: 1020
esclavo os servid de mí;
si no, llevadme de aquí
adonde os sirva.

En una apariencia* un Angel que trae un espejo en el escudo
y una carta.*

Angel.	¡Patricio!*
Patricio.	¿Quién llama?
Paulín.	Aquí no os llamó

              nadie. El hombre es divertido.   1025
              Poeta debe haber sido.

Angel.	¡Patricio!
Patricio.	¿Quién llama?
Angel.	Yo.
Paulín.	El habla y a nadie veo;

              mas hable, que no me toca
              a mí guardalle la boca.   *Vase.*   1030

Patricio.   Mis grandes dichas no creo,
                pues una nube mis ojos
              ven de nácar y arrebol,
              y que della sale el sol,
              cuyos divinos despojos   1035
                son estrellas vividoras,
              que entre jazmines y flores

viene vertiendo* esplendores,
viene derramando auroras.

Angel.   ¡Patricio!

Patricio.   Un sol me acobarda.   1040
¿Quién sois, divino señor?

Angel. Patricio, amigo, Victor*
soy, el ángel de tu guarda.
 Dios a que te dé, me envía,
esta carta.

Dale una carta.

Patricio.   Nuncio hermoso,   1045
paraninfo venturoso,
que en superior jerarquía
 con Dios asistís, a quien
en dulce, en sonoro canto
llamáis santo, santo, santo,   1050
¡gloria los cielos os den!

Angel.   Lee la carta.

Patricio.   Dice aquí:
«A Patricio» ¿Mereció
tal dicha un esclavo? No.

Angel.   Abrela ya.

Patricio.   Dice así: 1055
[*Lee*] «Patricio, Patricio, ven;
sácanos de esclavitud».
Incluye mayor virtud
la carta, pues no sé quién
 me llama. Custodio fiel,   1060
mi duda en tus manos dejo.

Angel. Pues mírate en este espejo.

Patricio. ¡Ay, cielos!

Angel.   ¿Qué ves en él?

Patricio. Diversas gentes están,
viejos, niños y mujeres,   1065
llamándome.

Angel.   Pues no esperes
tanto a redimir su afán.
 Esta es la gente de Irlanda,
que ya de tu boca espera
la dotrina verdadera.   1070
Sal de esclavitud, que manda
 Dios que prediques la fe
que tanto ensalzar deseas,
porque su legado seas,
apóstol de Irlanda. Ve*   1075
 a Francia a ver a Germán,*
obispo; de monje toma
el hábito; pasa a Roma,
donde letras te darán,
 para conseguir el fin   1080
de tan dichoso camino,
las bulas de Celestino;*
y visita a san Martín,*
 obispo en Tours.* Y ven
conmigo ahora arrebatado   1085
en el viento, que ha mandado
Dios que noticia te den
 de una empresa que guardada
tiene el mundo para ti,
y conmigo desde aquí   1090
has de hacer esta jornada.

Sube la apariencia hasta lo alto, y sin cubrirse.

SEGUNDA JORNADA
Del Purgatorio de S. Patricio

[CUADRO I]

Salen Ludovico y Polonia.

Ludovico.   Polonia, aquél que ha querido*
         desigualmente emplearse,
         no tiene de qué quejarse
         si llega a ser preferido   1095
         de otro amor, porque éste ha sido
         su castigo. ¿Quién subió,
         soberbio, que no cayó?
         Y así, mi amor anticipo
         a Filipo, que Filipo   1100
         es mucho mayor que yo
           en la nobleza que aquí
         le dio la naturaleza,
         mas no en aquella nobleza
         que ha merecido por sí.   1105
         Yo sí, Polonia, yo sí,
         que por mí mismo he ganado
         más honor que él ha heredado.
         Testigo este imperio ha sido,
         a quien han enriquecido   1110
         las vitorias que le he dado.
           Tres años ha que llegué
         a estas islas—que fue hoy
         me parece—, y tres que estoy
         en tu servicio, y no sé   1115
         si referirte podré
         presas que tu padre encierra,
         ganadas en buena guerra,
         que Marte pudo envidiar,
         siendo escándalo del mar,   1120
         siendo asombro de la tierra.

Polonia.   Ludovico, tu valor,
            o heredado o adquirido,
            en mi pecho ha introducido
            una osadía, un temor,   1125
            un, no sé si diga, amor,
            porque me causa vergüenza,
            cuando mi pecho comienza
            a sentir y padecer,
            que me rinda su poder,   1130
            ni que su deidad me venza.
              Sólo digo que ya fuera
            tu esperanza posesión,
            si la fiera condición
            de mi padre no temiera.   1135
            Mas, sirve, agrada* y espera.

        Sale Filipo.

Filipo.   ([Ap.] Si es que mi muerte he de hallar,
            ¿por qué la vengo a buscar?
            Pero, ¿quién podrá tener
            paciencia para no ver   1140
            lo que le ha de dar pesar?)

Ludovico.   Pues, ¿quién fía que serás
            mía?

Polonia.   Esta mano.

Filipo.   Eso no,
            que sabré estorbarlo yo,
            que no puedo sufrir más.   1145

Polonia.   ¡Ay de mí!

Filipo.   ¿La mano das
            a un advenedizo?—¡ay, triste!
            Y tú, que al sol te atreviste,
            para que la pompa pierdas,
            ¿por qué, por qué no te acuerdas   1150
            de cuando mi esclavo fuiste,
              para no atreverte así
            a mi gusto?

Ludovico.	Porque hoy
	me atrevo por lo que soy,
	cuando no por lo que fui. 1155
	Esclavo tuyo me vi,
	es verdad, que no hay quien pueda
	vencer la inconstante rueda;
	pero ya tengo valor
	para que iguale tu honor, 1160
	si no para que te exceda.
Filipo.	¿Cómo excederme? Atrevido,
	infame…
Ludovico.	En cuanto has hablado,
	Filipo, te has engañado.
Filipo.	No engañé.
Ludovico.	Pues si no ha sido 1165
	engaño…
Filipo.	¿Qué?
Ludovico.	…habrás mentido.
Filipo.	Fuiste desleal.

Dale un bofetón.

Polonia.	¡Ay, cielos!
Ludovico.	¿Cómo, a tantos desconsuelos,
	no tomo satisfación,
	cuando mis entrañas son 1170
	volcanes y mongibelos?*

Sacan las espadas. Salen Egerio, rey, y soldados, y todos se ponen de la parte de Filipo.

Rey.	¿Qué es esto?
Ludovico.	Un tormento eterno,
	una desdicha, una injuria,
	una pena y una furia
	desatada del infierno. 1175
	Ninguno por su gobierno
	me llegue a impedir, señor,
	la venganza, que el furor,

ni a la muerte está sujeto,
y no hay humano respeto   1180
que importe más que mi honor.

Rey.   ¡Prendelde!

Ludovico.   Llegue el que fuere
tan osado que se atreva
a morir, porque le deba
a su esfuerzo el ver que muere   1185
a tus ojos.

Rey.   ¡Que esto espere!
¡Seguilde!

Ludovico.   Desesperado,
en roja sangre bañado,
pienso proceder un mar,
por donde pueda pasar,   1190
buscando a Filipo, a nado.

    Acuchíllalos a todos y queda Egerio solo.

Rey.   Esto sólo me faltó
tras las nuevas que he tenido,
y es que el esclavo atrevido
que de la prisión huyó,   1195
de Roma a Irlanda volvió,
y predicando la fe
de Cristo, tan grande fue
el número que ha seguido
su voz, que ya dividido   1200
el mundo en bandos se ve.
  Dícenme que es hechicero,*
pues, a muerte condenado
de otros reyes, se ha librado
con escándalo tan fiero,   1205
que ya atado en un madero*
estaba, cuando la tierra
—que tantos muertos encierra
en sus entrañas—tembló,
gimió el aire, y se eclipsó   1210
el sol, que en sangrienta guerra
no quiso dar a la luna

luz, que en su faz resplandece;
que este Patricio parece
que tiene, sin duda alguna, 1215
de su mano a la fortuna.
Esto he sabido, y que cuantos,
entre prodigios y espantos,
admiraron su castigo
le siguieron, y hoy conmigo 1220
viene a probar sus encantos.
  Venga pues, e intentos vanos
examine entre los dos;
veremos quién es el Dios
que llaman de los cristianos. 1225
Muerte le darán mis manos,
a ver si della se escapa,
en este sucinto mapa,
esfera de mi rigor,
este obispo, este pastor, 1230
que viene en nombre del Papa.

Salen todos con Ludovico.

Capitán.   Ludovico viene aquí
preso, después que mató
tres de tu guarda y hirió
a muchos.

Rey.   Cristiano, di, 1235
¿cómo no tiemblas de mí,
viendo levantar la mano
de mi castigo? Aunque en vano
siento estas desdichas yo,
porque esto y más mereció 1240
quien hizo bien a un cristiano.
  No castigo, premio sí
mereces tú, porque es bien
que a mí el castigo me den
de haberte hecho bien a ti. 1245
Preso le tened aquí
hasta su muerte. Ya vano
es mi favor soberano.
Muere a mi furor rendido,

no por cristiano atrevido,   1250
sino sólo por cristiano.

Vanse todos y queda Ludovico.

Ludovico.   Si por eso muero, harás
mi infeliz muerte dichosa,
pues morirá por su Dios
quien muriera por su honra.*   1255
Y un hombre que vive aquí,
entre penas y congojas,
debe agradecer la muerte,
última línea de todas,
pues cortará su guadaña*   1260
el hilo a vida tan loca,
que hoy empezara a ser mala,
fénix de mortales obras,*
pues naciendo en las cenizas
de mi agravio y mi deshonra,   1265
mi vista* fuera veneno,
mi aliento fuera ponzoña,
que en Irlanda derramara
sangre vil en tanta copia
que se borrara con ella   1270
de mi afrenta la memoria.
¡Ay, honor!, rendido yaces
a una mano rigurosa.
Muera yo contigo, y juntos
los dos no demos vitoria   1275
a aquestos bárbaros. Pues
un breve rato le sobra
a mi vida, este puñal
tome en mí venganza honrosa.
Mas, ¡válgame Dios!, ¿qué aliento   1280
endemoniado provoca
mi mano? Cristiano soy,
alma tengo, y luz piadosa
de la fe. ¿Será razón
que un cristiano intente agora,   1285
entre gentiles, acciones
a su religión impropias?

¿Qué ejemplo les diera yo
con mi muerte lastimosa,
sino que antes desmintieran   1290
las de Patricio mis obras?
Pues dijeran los que aquí
sólo sus vicios adoran
y el alma niegan eterna
a la pena y a la gloria: 1295
«Que nos predique Patricio
el alma inmortal, ¿qué importa,
si Ludovico se mata
cristiano? También ignora
que es eterna, pues la pierde.»   1300
Y con acciones dudosas,
fuéramos aquí los dos,
él la luz y yo la sombra.
Baste que tan malo sea,
que aún no me arrepiento agora   1305
de mis cometidas culpas,
y qué quiera intentar otras.
Pues, ¡vive Dios!, que mi vida,
si fuese posible cosa
escaparse hoy, fuera asombro   1310
del Asia, Africa y Europa.
Hoy empezara a tomar
venganza tan rigurosa,
que en estas islas de Egerio
no me quedara persona   1315
en quien no satisfaciera
la pena, la sed rabiosa
que tengo de sangre. Un rayo,*
antes que la esfera rompa,
con un trueno nos avisa,   1320
y después, entre humo y sombras,
de fuego fingiendo sierpes,
el aire trémulo azota.
Yo así, el trueno he dado ya
para que todos le oigan,   1325
el golpe del rayo falta.
Mas, ¡ay de mí!, que se aborta
y antes que a la tierra llegue

es de los vientos lisonja.
No, no me pesa morir   1330
por morir muerte afrentosa,
sino porque acabarán,
con mi edad temprana y moza,
mis delitos. Vida quiero
para empezar desde agora   1335
mayores temeridades,
no, cielos, para otra cosa.

Sale Polonia.

Polonia.   (*Ap.* Yo vengo determinada.)
                Ludovico, en las forzosas
                ocasiones, el amor   1340
                ha de dar muestras heroicas.*
                Tu vida está en gran peligro;
                mi padre airado se enoja
                contra ti, y de su furor
                hüir el peligro importa.   1345
                Las guardas que están contigo,
                liberalmente soborna
                mi mano, y al son del oro
                yacen sus orejas sordas.
                Escápate, porque veas   1350
                cómo una mujer se arroja,
                cómo su honor atropella,
                cómo su respeto postra.
                Contigo iré, pues ya es fuerza
                que contigo me disponga   1355
                ya a vivir, o ya a morir;
                que fuera mi vida poca
                sin ti, que en mi pecho vives.
                Yo llevo dinero y joyas
                bastantes para ponernos   1360
                en las Indias más remotas,
                donde el sol yela y abrasa,
                ya con rayos, ya con sombras.
                Dos caballos a la puerta
                esperan, diré dos onzas,   1365
                hijas del viento, aunque más

del pensamiento se nombran.
Son tan veloces que, aunque
hüidos vamos agora,
nos parecerá que vamos   1370
seguros en ellos. Toma
resolución. ¿Qué imaginas?
¿Qué te suspendes? Acorta
los discursos. Y porque
fortuna, que siempre estorba   1375
al amor, no desbarate
finezas tan generosas,
yo iré delante de ti.
Sal, en tanto que, ingeniosa,
divierto guardas y doy   1380
espaldas a tu persona.
Aun el sol nos favorece,
que, despeñado en las ondas,
para templar su fatiga
los crespos cabellos moja.   *Vase.*   1385

Ludovico.   A las manos ha venido
la ocasión más venturosa,
pues sabe el cielo que fueron
las finezas amorosas
que con Polonia mostré   1390
fingidas, porque Polonia
conmigo se fuese donde,
valiéndome de las joyas
que llevase, yo saliese
de la infeliz Babilonia;*   1395
porque, aunque en ella vivió
estimada mi persona,
era al fin esclavitud,
y mi vida libre y loca
la libertad deseaba,   1400
que ya los cielos me otorgan.
Mas para el fin que deseo,
ya me embaraza y estorba
una mujer, porque en mí
es amor una lisonja   1405
que no pasa de apetito,
y, éste ejecutado, sobra

luego al punto la mujer
más discreta y más hermosa.
Y pues que mi condición   1410
es tan libre, ¿qué me importa
una muerte más o menos?
Muera a mis manos Polonia,
porque quiso bien en tiempo
que nadie estima ni adora,   1415
y como todas viviera
si quisiera como todas.

Vase y sale el Capitán.

Capitán.   Con orden vengo del Rey
                a que Ludovico oiga
                la sentencia de su muerte.   1420
                Mas la puerta abierta y sola
                la torre, ¿qué puede ser?
                ¡Soldados! ¿No hay quien responda?
                ¡Ah, guardas! ¡Traición, traición!

Salen el Rey, y Filipo, y Leogario.

Rey.   ¿Qué das voces? ¿Qué pregonas?   1425
                ¿Qué es esto?

Capitán.   Que Ludovico
                falta, y que las guardas todas
                han hüido.

Leogario.   Yo, señor,
                aquí vi entrar a Polonia.

Filipo.   ¡Ay, cielos! Sin duda que ella   1430
                le dio libertad. No ignoras
                que la sirve, y que mis celos
                me incitan y me provocan
                a seguillos. Hoy será
                Hibernia segunda Troya.   *Vase.*   1435

Rey.   Dadme un caballo, que quiero
                seguirlos por mi persona.
                ¿Qué dos cristianos son éstos
                que, con acciones dudosas,

	uno mi quietud altera,	1440
	y el otro mi honor me roba?	
	Mas los dos serán despojos	
	de mis manos vengadoras,	
	que de mí no está seguro	
	aun su pontífice en Roma.	*Vanse.* 1445

[CUADRO II]

Sale Polonia huyendo herida, y Ludovico con una daga.

Polonia.	Ten la sangrienta mano,	
	ya que no por amante, por cristiano.	
	Lleva el honor y déjame la vida,	
	piadosamente a tu furor rendida.	
Ludovico.	Polonia desdichada:	1450
	pensión de la hermosura celebrada	
	fue siempre la desdicha,	
	que no se avienen bien belleza y dicha.	
	Yo, el verdugo más fiero	
	que atrevido blandió mortal acero,	1455
	con tu muerte procuro	
	mi vida, pues con ella voy seguro.	
	Si te llevo conmigo,	
	llevo de mis desdichas un testigo	
	por quien podrán seguirme,	1460
	hallarme, conocerme y perseguirme.	
	Si te dejo con vida,	
	enojada te dejo, y ofendida,	
	para que seas conmigo	
	un enemigo más—¡y qué enemigo!—.	1465
	Luego, por buen consejo,	
	hago mal si te llevo y si te dejo.	
	Y así el mejor ha sido	
	que, fiero, infame, bárbaro, atrevido,	
	desleal, inhumano,	1470
	sin ley ni Dios, te mate por mi mano,	
	pues aquí sepultada	

en las entrañas rústicas, guardada
desta robusta peña,
quedará mi desdicha, no pequeña;   1475
y también, porque alcanza
mi furia un nuevo modo de venganza,
quedando satisfecho
de que mato a Filipo si en tu pecho
vive, y, porque me cuadre,   1480
no a Filipo no más, sino a tu padre.
Causa primera fuiste
de mi deshonra triste,
y así has de ser primera
causa también de mi venganza fiera.   1485

Polonia.   ¡Ay de mí, que he querido
mi muerte fabricar! Gusano he sido
que labró por su mano
su sepulcro.* ¿Eres hombre? ¿Eres cristiano?

Ludovico.   Demonio soy: acaba, dando indicio   1490
de todo.

Polonia.   El dios me valga de Patricio.

Cae dentro.

Ludovico.   Cayó sobre las flores,
sembrando vidas, derramando horrores.
Así más libremente
escaparme podré, pues suficiente   1495
hacienda me acompaña
para poder vivir rico en España
hasta que, disfrazado,
con el tiempo mudado,
vuelva a satisfacerme   1500
de un traidor; que el agravio nunca duerme.
Mas, ¿dónde desta suerte
voy, pisando las sombras de la muerte?*
El camino he perdido,
y quizá voy por donde inadvertido,   1505
huyendo de tiranos,
por escaparme, dé en sus propias manos.
Si la vista no engaña,

	albergue pobre y rústica cabaña	
	es ésta. En ella quiero	1510
	informarme.	

Llama y responden dentro Locía y Paulín.

Locía.	¿Quién es?	
Ludovico.	Un pasajero,	
	perdido, triste y ciego,	
	¡oh, labrador!, impide tu sosiego.	
Locía.	¡Ah, Juan Paulín! Despierta,	
	que parece que llaman a la puerta.	1515
Paulín.	Yo estoy bien en la cama.	
	Mira quién llama tú, pues por ti llama.	
	¿Quién es?	
Ludovico.	Un caminante.	
Paulín.	¿Es caminante?	
Ludovico.	Sí.	
Paulín.	Pues, adelante,	
	que aquesta no es posada.	1520
Ludovico.	Ya del villano la malicia enfada.	
	Derribaré la puerta.	
	Cayó en el suelo.	
Locía.	¡Ah, Juan Paulín, despierta!	
	Mira que han derribado	
	la puerta.	
Paulín.	Ya de un ojo he despertado,	1525
	mas del otro no puedo.	
	Sal tú conmigo allá, que tengo miedo.	

Salen desnudos.

	¿Quién es?	
Ludovico.	Callad, villanos,	
	si morir no queréis hoy a mis manos.	
	Perdido en este monte	1530
	a tu casa he llegado. Así, disponte	
	a enseñarme el camino	

de aquí al puerto, por donde yo imagino
que hoy escaparme pueda.

Paulín. Pues, venga y vaya, y tome esta vereda,   1535
y luego a esotra mano
suba, si hay monte, y baje donde hay llano;
y en llegando, esté cierto,
cuando en el puerto esté, que allí es el puerto.

Ludovico. Mejor es que tú vengas   1540
conmigo. Y no prevengas
disculpa, o, ¡vive el cielo!,
que con tu sangre has de esmaltar el suelo.

Locía. ¿No es mejor, caballero,
pasar aquí la noche hasta el lucero?   1545

Paulín. ¡Qué piadosa os mostráis para nonada!
¿Ya estáis del caminante inficionada?

Ludovico. Lo que te agrada escoge:
o morir o guiarme.

Paulín.   No se enoje,
que escojo, sin demandas y respuestas,   1550
ir, y aun llevaros, si queréis, a cuestas,
no tanto por temer la muerte mía,
como por no le dar gusto a Locía.

Ludovico. ([Ap.] Este, porque no diga
por dónde voy a alguno que me siga,   1555
del monte despeñado
ha de morir en el cristal helado
del mar.) Que os recojáis a vos os pido,
que luego volverá vuestro marido.   Vanse.

[CUADRO III]

Salen el Rey Egerio y Lesbia y Leogario y el Capitán.

Lesbia. No hay rastro ninguno dellos.   1560
Todo el monte, valle y sierra,
se ha examinado hoja a hoja,
rama a rama y peña a peña,

y no se ha hallado evidente
indicio que nos dé muestra   1565
de sus personas.

Rey.   Sin duda
los ha tragado la tierra
para guardarlos de mí;
que en el cielo no estuvieran
seguros, no, ¡viven ellos!   1570

Lesbia.   Ya el sol las doradas trenzas*
estiende desmarañadas
sobre los montes y selvas,
para que te informe el día.

    Sale Filipo.

Filipo.   Vuestra Majestad atienda   1575
a la desdicha mayor,
más prodigiosa y más nueva
que el tiempo ni la fortuna
en fábulas representa.
Buscando a Polonia vine   1580
por esas incultas selvas,
y habiendo toda la noche
pasado, señor, en ellas,
a la mañana salió
la aurora medio despierta,   1585
toda vestida de luto
con nubes pardas y negras;
y con mal contenta luz
se ausentaron las estrellas,
que sola esta vez tuvieron   1590
por venturosa la ausencia.
Discurriendo a todas partes,
vimos que las flores tiernas
bañadas en sangre estaban,
y, sembrados por la tierra,   1595
despojos de una mujer.
Fuimos siguiendo las señas
hasta que llegamos donde,
a las plantas de una sierra,

en un túmulo de rosas,   1600
estaba Polonia muerta.

Está sobre una peña Polonia, muerta.

Vuelve los ojos: verás
destroncada la belleza,
pálida y triste la flor,
la hermosa llama deshecha;   1605
verás la beldad postrada,
verás la hermosura incierta,
y verás muerta a Polonia.

Rey.   ¡Ay, Filipo, escucha, espera!
Que no hay en mí sufrimiento   1610
con que resistirse puedan
tantos géneros de agravios,
tantos linajes de penas,
tantos modos de desdichas.
¡Ay, hija infeliz! ¡Ay, bella*   1615
prenda por mi mal hallada!

Lesbia.   El sentimiento no deja
aliento para quejarme.
¡Infeliz hermana, sea
compañera en tus desdichas!   1620

Rey.   ¿Qué mano airada y violenta
levantó sangriento acero
contra divinas bellezas?
Acabe el dolor mi vida.

Dentro Patricio.

Patricio.   ¡Ay de ti, mísera Hibernia!   1625
¡Ay de ti, pueblo infelice!,
si con lágrimas no riegas
la tierra, y días y noches
llorando ablandas las puertas
del cielo, que con candados   1630
las tuvo tu inobediencia.
¡Ay de ti, pueblo infelice!
¡Ay de ti, mísera Hibernia!

Rey.	¿Qué voces, cielo, tan tristes
	y lastimosas son éstas, 1635
	que me traspasan el pecho,
	que el corazón me penetran?
	Sabed quién de mi dolor
	impide así la terneza.
	¿Quién sino yo llora así, 1640
	y quién sino yo se queja?
Leogario.	Aquéste es, señor, Patricio,
	que, después que dio la vuelta,
	como tú sabes, a Irlanda,
	de Roma, y después que en ella 1645
	le hizo el Pontífice obispo,
	dignidad y preeminencia
	superior, todas las islas
	discurre desta manera.
Patricio.	¡Ay de ti, pueblo infelice! 1650
	¡Ay de ti, mísera Hibernia!

Sale Patricio.

Rey.	Patricio , que mi dolor
	interrompes y mis penas
	doblas con voces doradas
	en falso veneno envueltas, 1655
	¿qué me persigues? ¿Qué quieres,
	que así los mares y tierras
	de mi estado, con engaños
	y novedades alteras?
	Aquí no sabemos más 1660
	que nacer y morir. Esta
	es la doctrina heredada
	en la natural escuela
	de nuestros padres. ¿Qué Dios
	es éste que nos enseñas, 1665
	que vida después nos dé,
	de la temporal, eterna?
	El alma, destitüida
	de un cuerpo, ¿cómo pudiera

	tener otra vida allá,	1670
	para gloria o para pena?	
Patricio.	Desatándose del cuerpo,	
	y dando a naturaleza	
	la porción humana, que es	
	un poco de barro y tierra,	1675
	y el espíritu subiendo	
	a la superior esfera,	
	que es centro de sus fatigas,	
	si en la gracia muere; y ésta	
	alcanza antes el bautismo,	1680
	y después la penitencia.	
Rey.	Luego esta beldad, que aquí	
	en su sangre yace envuelta,	
	¿allá está viviendo agora?	
Patricio.	Sí.	
Rey.	Dame un rasgo, una muestra	1685
	de esa verdad.	
Patricio.	([*Ap.*] Gran Señor,	
	volved vos por la honra vuestra.	
	Aquí os importa mostrar	
	de vuestro poder la fuerza.)	
Rey.	¿No me respondes?	
Patricio.	El cielo	1690
	querrá que responda ella.	
	En nombre de Dios te mando,	
	yerto cadáver, que vuelvas	
	a vivir, restitüido	
	a tu espíritu, y des muestras	1695
	desta verdad, predicando	
	la dotrina verdadera.	
Polonia.	¡Ay de mí! ¡Válgame el cielo!	
	¡Qué de cosas se revelan	
	al alma! ¡Señor, Señor,	1700
	detén la mano sangrienta	
	de tu justicia! ¡No esgrimas	
	contra una mujer sujeta	
	las iras de tu rigor,	
	los rayos de tu potencia!	1705

¿Dónde me podré esconder
de tu semblante, si llegas
a estar enojado? Caigan
sobre mí montes y peñas.
Enemiga de mí misma,   1710
hoy estimara y quisiera
esconderme de tu vista
en el centro de la tierra.
Mas, ¿cómo, si a todas partes
que mi desdicha me lleva   1715
llevo conmigo mi culpa?
¿No veis, no veis que esa sierra
se retira, que ese monte
se estremece? El cielo tiembla,
desquiciado de sus polos,   1720
y su fábrica perfeta
a mí me está amenazando
con su eminente soberbia.
El viento se me escurece,
el paso a mis pies se cierra,   1725
los mares se me retiran;
sólo no me huyen las fieras,
que para hacerme pedazos
parece que se me acercan.
¡Piedad, gran Señor, piedad!   1730
¡Clemencia, Señor, clemencia!
El santo bautismo pido,
muera en vuestra gracia, y muera.
Mortales, oíd, oíd:
Cristo vive, Cristo reina,   1735
y Cristo es Dios verdadero.
¡Penitencia, penitencia!   *Vase.*

Filipo.   ¡Gran prodigio!

Lesbia.   ¡Gran milagro!

Capitán.   ¡Qué admiración!

Leogario.   ¡Qué grandeza!

Rey.   ¡Gran encanto, grande hechizo!   1740
              ¡Que esto sufra, esto consienta!

Todos.   ¡Cristo es el Dios verdadero!

Rey.	¡Que tenga un engaño fuerza,*	
	pueblo ciego, para hacer	
	maravillas como éstas,	1745
	y no tengas tú valor	
	para ver que la apariencia	
	te engaña! Y para que aquí	
	quede la vitoria cierta,	
	yo quiero rendirme como	1750
	arguyendo me convenza	
	Patricio. Atended, que así	
	nuestra disputa comienza.	
	Si fuera inmortal el alma,*	
	de ningún modo pudiera	1755
	estar sin obrar un punto.	
Patricio.	Sí, y esa verdad se prueba	
	en el sueño, pues los sueños,	
	cuantas figuras engendran,	
	son discursos de aquella alma	1760
	que no duerme, y como quedan	
	entonces de los sentidos	
	las acciones imperfetas,	
	imperfetamente forman	
	los discursos, y por esta	1765
	razón sueña el hombre cosas	
	que entre sí no se conciertan.	
Rey.	Pues, siendo así, aquel instante,	
	o estuvo Polonia muerta,	
	o no. Si es que no lo estuvo,	1770
	y fue un desmayo, ¿qué fuerza	
	tuvo el milagro? No trato	
	desto; mas, si estuvo muerta,	
	en uno de dos lugares	
	estar aquel alma es fuerza,	1775
	que son o cielo o infierno:	
	tú, Patricio, nos lo enseñas.	
	Si en el cielo, no es piedad	
	de Dios que del cielo vuelva	
	ninguno al mundo, y que luego	1780
	éste condenarse pueda,	
	habiendo estado una vez	

en gracia: verdad es cierta.
Si es que estuvo en el infierno,
no es justicia, pues no fuera   1785
justicia que el que una vez
pena mereció, volviera
donde pudiera ganar
gracia, y es fuerza que sean
en Dios, justicia y piedad,   1790
Patricio, una cosa mesma.
¿Pues dónde estuvo aquel alma?

Patricio.   Oye, Egerio, la respuesta.
Yo concedo que del alma
bautizada, centro sea   1795
o la gloria o el infierno,
de donde salir no pueda
por el especial decreto,
hablando de la potencia
ordinaria, pero hablando   1800
de la absoluta, pudiera
Dios del infierno sacarla.*
Pero no es la cuestión ésta.
Que va a uno de dos lugares
el alma, es bien que se entienda,   1805
cuando se despide el alma
del cuerpo en mortal ausencia
para no volver a él,
mas, cuando ha de volver, queda
en estado de viadora,*   1810
y así se queda suspensa
en el universo, como
parte dél, sin que en él tenga
determinado lugar,
que la suma omnipotencia*   1815
antevió todas las cosas
desde que su misma esencia*
sacó esta fábrica a luz
del ejemplar de su idea,*
y así vio este caso entonces,   1820
y seguro de la vuelta
que había de hacer aquel alma,
la tuvo entonces suspensa,

sin lugar y con lugar.
Teología sacra es ésta,   1825
con que queda respondido
a tu argumento. Y aún queda
otra cosa que advertir:
que hay más lugares que piensas,
de la pena y de la gloria   1830
que dices, y es bien que sepas
otro, que es el purgatorio,*
donde el alma a purgar entra,
habiendo muerto en la gracia,
las culpas que dejó hechas   1835
en el mundo, porque nadie
entra en el cielo con ellas,
y así allí se purifica,
se acrisola, allí se acendra,
para llegar limpia y pura   1840
a la divina presencia.

Rey.   Esto dices tú, y no tengo
muestra ni señal más cierta
que tu voz. Dame un amago,
dame un rasgo, una luz de esa   1845
verdad, y tóquela yo
con mis manos, porque vea
que lo es. Y pues que puedes
tanto con tu Dios, impetra
su gracia. Pídele tú   1850
que, para que yo le crea,
te dé un ente real, que todos
le toquen; no todos sean
entes de razón.* Y advierte
que sólo un hora te queda   1855
de plazo, y en ella hoy
me has de dar señales ciertas
de la pena y de la gloria,
o has de morir. Vengan, vengan
los prodigios de tu Dios   1860
donde los tengamos cerca.
Y por si no merecemos
nosotros glorias ni penas,
dénos ese purgatorio,

que ni uno ni otro sea, 1865
donde todos conozcamos
su divina omnipotencia.
La honra de tu Dios te va,
dile a El que la defienda.

Vanse todos.

Patricio.   Aquí, Señor inmenso y soberano, 1870
tus iras, tus venganzas, tus castigos
rompan los escuadrones enemigos
de una ignorancia,* de un error profano.
  No piadoso procedas, pues en vano
a tus contrarios tratas como amigos, 1875
y, ya que a tu poder buscan testigos,
rayos esgrima tu sangrienta mano.
  Rigores te pidió el celo de Elías,*
y la fe de Moisés* pidió portentos,
y, aunque suyas no son las voces mías, 1880
  penetrarán el cielo sus acentos,
pidiéndote, Señor, noches y días,
portentos y rigores, porque atentos
  a glorias y a tormentos,
por sombras, por figuras, sea notorio 1885
al mundo, cielo, infierno y purgatorio.

Baja un Angel Bueno, y sale otro Malo.

Angel Malo.   Temeroso de que el cielo*
descubra a Patricio santo
este prodigio, este encanto,
mayor tesoro del suelo, 1890
  quise, de rigores lleno,
como ángel de luz, venir
a turbar y prevenir,
vertiendo rabia y veneno,
  su petición.

Angel Bueno.   No podrás, 1895
monstruo crüel, porque soy
quien en su defensa estoy.
Enmudece, no hables más.

Patricio, tu petición
oyó Dios, y así ha querido   1900
dejarte favorecido
con esta revelación.
   Busca en estas islas una
cueva, que es en su horizonte*
la bóveda de ese monte   1905
y el freno de esa laguna,
   y el que entrare osado a vella
con contrición, confesados
antes todos sus pecados,
tendrá el purgatorio* en ella.   1910
   En ella verá el infierno,
y las penas que padecen
los que en sus culpas merecen
tormentos de fuego eterno;
   verá una iluminación   1915
de la gloria y paraíso,
pero dase* cierto aviso:
que aquél que sin contrición
   entrare, por sólo ver
los misterios de la cueva,   1920
su muerte consigo lleva,
pues entrará a padecer
   mientras que Dios fuere Dios;
el cual, por favor segundo,
de las fatigas del mundo   1925
hoy te sacará, y los dos
   os veréis en la región
del empíreo soberano,
subiendo a ser ciudadano
de la celestial Sïón,   1930
   dejando el mayor indicio
del milagro más notorio
del mundo, en el purgatorio
que llamen de san Patricio.
   Y en prueba de que es verdad   1935
un milagro tan divino,
aquesta fiera que vino
a profanar tu piedad
   llevaré al obscuro abismo,

	prisión, calabozo y centro,	1940
	porque se atormenten dentro	
	su envidia y veneno mismo.	

Cúbrese la apariencia.

Patricio.	¡Gloria los cielos te den,	
	inmenso Señor, pues sabes	
	con maravillas tan graves	1945
	volver por tu honor tan bien!	
	¡Egerio!	

Salen todos.

Rey.	¿Qué quieres?	
Patricio.	Ven	
	por este monte conmigo,	
	y cuantos vienen contigo	
	me sigan, y en él verán	1950
	imágenes donde están	
	juntos el premio y castigo.	
	Verán un amago breve	
	de un prodigio dilatado,	
	un milagro continuado,	1955
	a cuya grandeza debe	
	admiración quien se atreve	
	a descifrar su secreto;	
	verán un rasgo perfeto	
	de maravillas que están	1960
	guardadas aquí; y verán	
	infierno y gloria en efeto.	
Rey.	Mira, Patricio, que vas	
	entrando a una parte donde	
	aun la luz del sol se esconde,	1965
	que aquí no llegó jamás.	
	El monte que viendo estás,	
	ningún hombre ha sujetado,	
	que su camino intrincado,	
	en tantos siglos no ha sido	1970

de humana planta seguido,
de inculta fiera pisado.

Filipo.   Los naturales que aquí
largas edades vivimos,
a ver no nos atrevimos   1975
los secretos que hay ahí,
porque se defiende a sí*
tanto la entrada importuna
que no hay persona ninguna
que pase por su horizonte*   1980
los peñascos de ese monte,
las ondas de la laguna.

Rey.   Sólo con agüeros graves
oímos, por más espanto,
el triste, el funesto canto   1985
de las más noturnas aves.

Filipo.   De penetralle no acabes.

Patricio.   No os cause el temor desvelos,
que tesoro de los cielos
se guarda aquí.

Rey.   ¿Qué es temor?   1990
¿Pueden a mí darme horror
volcanes y mongibelos?
Cuando con asombro sumo
llamas los centros suspiren,
rayos las esferas tiren,   1995
diluvios de fuego y humo,
de mi valor no presumo
que me dé temor.

   Sale Polonia.

Polonia.   Detente,
pueblo bárbaro, imprudente
y osado. Con paso errante   2000
no pases más adelante,
que está tu desdicha enfrente.
Huyendo de mí misma, he penetrado
deste rústico monte la espesura,

cuyo ceño, de robles coronado,   2005
amenazó del sol la lumbre pura,
porque en su oscuro centro, sepultado
mi delito, viviese más segura,
hallando puerto en seno tan profundo
a los airados piélagos del mundo.   2010
　　Llegué a esta parte, sin haber tenido
norte que me guïase, porque es tanta
su soberbia que nunca ha consentido
muda impresión de conducida planta
su semblante intrincado y retorcido,   2015
que visto admira, que admirado espanta,
causando asombros con inútil guerra:
misterio incluye, maravilla encierra.
　　¿No ves ese peñasco que parece*
que se está sustentando con trabajo,   2020
y con el ansia misma que padece
ha tantos siglos que se viene abajo?
Pues mordaza es que sella y enmudece*
el aliento a una boca, que debajo
abierta está, por donde con pereza   2025
el monte melancólico bosteza.
　　Esta, pues, de cipreses rodeada,*
entre los labios de una y otra peña,
descubre la cerviz desaliñada,
suelto el cabello, a quien sirvió de greña   2030
inútil yerba, aun no del sol tocada,
donde en sombras y lejos* nos enseña
un espacio, un vacío, horror del día,
funesto albergue de la noche fría.
　　Yo quise entrar a examinar la cueva   2035
para mi habitación. Aquí no puedo
proseguir, que el espíritu se eleva,
desfallece la voz, crece el denuedo.
¡Qué nuevo horror, qué admiración tan nueva
os contara, a no ser tan dueño el miedo,   2040
helado el pecho y el aliento frío,
de mi voz, de mi acción, de mi albedrío!
　　Apenas en la cueva entrar quería,
cuando escucho en sus cóncavos, veloces
—como de quien se queja y desconfía   2045

de su dolor—, desesperadas voces.
Blasfemias, maldiciones sólo oía,
y repetir delitos tan atroces,
que pienso que los cielos, por no oíllos,
quisieron a esa cárcel reducillos.   2050
  Llegue, atrévase, ose el que lo duda;
entre, pruebe, examine el que lo niega;
verá, sabrá y oirá, sin tener duda,
furias, penas, rigores, cuando llega;
porque mi voz absorta, helada y muda,   2055
a miedo, espanto, novedad se entrega,
y no es bien que se atrevan los humanos
a secretos del cielo soberanos.

Patricio.   Esta cueva que ves, Egerio, encierra
misterios de la vida y de la muerte;   2060
pero falta decirte cuánto yerra
quien en pecado su misterio advierte.
Pero el que confesado se destierra*
el temor, y con pecho osado y fuerte
entrare aquí, su culpa remitida   2065
verá y el purgatorio tendrá en vida.

Rey.   ¿Piensas, Patricio, que a mi sangre debo
tan poco, que me espante ni me asombre,
o que como mujer temblando muero?
Decid, ¿quién de vosotros será el hombre   2070
que entre? ¿Callas, Filipo?

Filipo.   No me atrevo.

Rey.   Tú, capitán, ¿no llegas?

Capitán.   Sólo el nombre
me atemoriza.

Rey.   ¿Atréveste, Leogario?

Leogario.   Es el cielo, señor, mucho contrario.

Rey.   ¡Oh, cobardes, oh, infames, hombres viles,   2075
indignos de ceñir templado acero,
sino de sólo adornos mujeriles!
Pues yo he de ser, villanos, quien primero
los encantos estraños y sutiles
deslustre de un cristiano, un hechicero.   2080
Mirad en mí, con tan valiente estremo,

que ni temo su horror, ni a su Dios temo.

Aquí se ha descubierto una boca de una cueva, lo más horrible
que se pueda imitar, y dentro della está un escotillón, y en
poniéndose en él Egerio, se hunde con mucho ruido, y suben
*llamas de abajo, oyéndose muchas voces.**

Polonia.	¡Qué asombro!		
Leogario.	¡Qué prodigio!		
Filipo.	¡Qué portento!		
Capitán.	Llamas el centro de la tierra espira.	*Vase.*	
Leogario.	Los ejes rotos vi del firmamento.	*Vase.*	2085
Polonia.	El cielo desató toda su ira.	*Vase.*	
Lesbia.	La tierra se estremece y gime el viento.	*Vase.*	
Patricio.	La mano vuestra, gran Señor, admira vuestros contrarios.	*Vase.*	
Filipo.	¿Quién será el sin juicio que entre en el purgatorio de Patricio?	*Vase.*	2090

[CUADRO I]

Salen Paulín y Ludovico.

Paulín. Algún día había de ser,
pues fue fuerza que llegase,
el que yo te preguntase
lo que pretendo saber.
Ve conmigo. Yo salí   2095
de mi cabaña a enseñarte
el camino, y a la parte
donde te embarcaste fui.
Allí otra vez me dijiste:
«a mi mano has de morir   2100
o conmigo has de venir»,
y, como a escoger me diste,
escogí del mal el más,
que fue venirme contigo,
a quien como sombra sigo   2105
en cuantas provincias has
discurrido: Italia, España,
Francia, Escocia, Ingalaterra;
y, en efeto, no hubo tierra
que, por remota y estraña,   2110
se te escapase. Y, al fin,
después de haber caminado
tanto, la vuelta hemos dado
a Irlanda. Yo, Juan Paulín,
confuso de ver que vienes   2115
barba y cabello crecido,
mudando lengua y vestido,
pregunto, ¿qué causa tienes
para hacer estos disfraces?
No sales de la posada   2120
de día, y en la noche helada

mil temeridades haces,
  sin advertir que llegamos
a una tierra donde todo
está trocado, de modo   2125
que nada, señor, dejamos,
  como lo hallamos: Egerio,
desesperado murió,
y Lesbia, su hija, quedó
heredera deste imperio,   2130
  porque Polonia …

Ludovico.   Prosigue,
sin que a Polonia me nombres.
No me mates, no me asombres
con suceso que me obligue
  a hacer estremos. Ya sé   2135
que Polonia al fin murió.

Paulín.   El huésped me lo contó,
y me dijo cómo fue
  el hallarla muerta y …

Ludovico.   Calla,
porque no quiero saber   2140
su muerte, pues no ha de ser
para sentilla y lloralla.

Paulín.   Al fin, me dijo que acá,
dejando errores profanos,
todos son buenos cristianos,   2145
porque un Patricio, que ya
  murió …

Ludovico.   ¿Patricio murió?

Paulín.   El huésped lo dice así.

Ludovico.   ([Ap.] Mal mi palabra cumplí.)
Prosigue.

Paulín.   Les predicó   2150
  la fe de Cristo, y en prueba
de que es divina verdad
del alma la eternidad,
aquí descubrió una cueva.
  ¡Y qué cueva! Atemoriza   2155
el oíllo.

Ludovico.   Ya lo sé,
que otras veces lo escuché
y el cabello se me eriza,
  porque aquí los moradores
ven prodigios cada día.   2160

Paulín.   Como tu melancolía,
entre asombros y temores,
  no te deja hablar ni ver
a nadie, y siempre encerrado
estás, señor, no has llegado   2165
a ver, oír y saber
  estas cosas; pero aquí
es lo que menos importa;
mi prolija duda acorta
y a lo que venimos di.   2170

Ludovico.   Quiero a todo responderte.
De tu casa te saque,
y mi intento entonces fue
darte en el campo la muerte.
  Mas parecióme mejor   2175
que, llevándote conmigo,
mi compañero y amigo
fueses, quitando el temor
  que me causaba llegar
a hablar a nadie, y, en fin,   2180
yendo conmigo, Paulín,
me pudiste asegurar.
  Varias tierras anduvimos,
nada en ellas te faltó.
Y respondiéndote yo   2185
agora a lo que venimos,
  sabe que es a dar la muerte
a un hombre, de quien estoy
ofendido, y así voy
encubriendo desta suerte   2190
  el traje, la patria, el nombre.
Y de noche este fin sigo,
por ser mi fuerte enemigo
el más poderoso hombre
  desta tierra. Ya que a ti   2195

fío todo mi secreto,
escucha para qué efeto
hoy me has seguido hasta aquí.
  Tres días ha que llegué
a esta ciudad disfrazado,   2200
y dos noches que embozado
a mi enemigo busqué
  en su casa y en su calle,
y un hombre que a mí llegó,
embozado, me estorbó   2205
por dos veces el matalle.
  Este me llama y, despúes
que voy, se desaparece
tan veloz que me parece
que lleva el viento en los pies.   2210
  Hete esta noche traído
porque, si acaso viniere,
escapar de dos no espere,
pues entre los dos cogido
  le podremos conocer.   2215

Paulín.	¿Y quién son los dos?
Ludovico.	Tú y yo.
Paulín.	Yo no soy ninguno.
Ludovico.	¿No?
Paulín.	No, señor, ni puedo ser

  uno ni medio en notorios
peligros con que me asombras.   2220
¿Yo con las señoras sombras
y señores purgatorios?
  En mi vida me metí
con cosas del otro mundo,
y en justa razón me fundo.   2225
Mandadme, señor, a mí
  que con mil hombres me mate,
que en esta ocasión yo sé
que de todos mil huiré,
y aun del uno, que es dislate   2230
  digno del hombre más loco
que haya quien morirse quiera
por no dar una carrera,

cosa que cuesta tan poco.

Estimo en mucho mi vida;   2235
déjame, señor, aquí,
y después vuelve por mí.

Ludovico. Esta es la casa. Homicida
de Filipo hoy he de ser.
Veamos si el cielo pretende   2240
defenderle y le defiende.
Aquí te puedes poner.

Paulín.   No hay para qué, que ya allí

Sale un hombre embozado.

un hombre viene.

Ludovico.   Dichoso
soy, si llega la ocasión   2245
en que dos venganzas tomo
—pues esta noche no habrá
a mis rigores estorbo—,
dando muerte a este embozado
antes que a Filipo. Solo   2250
viene; él es, que ya las señas
por el talle reconozco,
o porque me atemoriza
el miralle, y me da asombro.

Embozado. ¡Ludovico!

Ludovico.   Ya ha dos noches,   2255
caballero, que aquí os topo.
Si me llamáis, ¿por qué huís?
y, si me buscásteis, ¿cómo
os ausentásteis?

Embozado.   Seguidme,
sabréis quién soy.

Ludovico.   Tengo un poco   2260
que hacer en aquesta calle
y impórtame el quedar solo,
porque en matándoos a vos
tengo que matar a otro.
O saquéis o no la espada,   2265

desta manera dispongo
dos venganzas. ¡Vive Dios,

Saca la espada y acuchilla el viento.

que el aire acuchillo y corto
y no otra cosa! Paulín,
ataja tú por esotro   2270
lado.
Paulín.   Yo no sé atajar.
Ludovico.   Pues he de seguiros todo
el lugar hasta que sepa
quién sois. En vano propongo
darle muerte, ¡vive Dios!,   2275
que rayos de acero arrojo
y que de ninguna suerte
le ofendo, hiero ni toco.

Vase tras él acuchillándole y sale Filipo.

Paulín.   Vayan en buen hora. Ya
salió de la calle y otro   2280
se viene a mí. Más tentado
estoy que algún san Antonio
de figuras y fantasmas.
En esta puerta me escondo
en tanto que aquéste pasa.   2285
Filipo.   Amor atrevido y loco,
con los favores de un reino
me haces amante dichoso.
Fuese Polonia al desierto,
donde entre peñas y troncos,   2290
ciudadana de los montes,
isleña de los escollos,
vive, renunciando en Lesbia
el reino. Yo, codicioso
más que amante, a Lesbia sirvo,   2295
a la majestad adoro.
De hablarla vengo a una reja,
donde mil finezas oigo.

	Mas, ¿qué es esto? Cada noche	
	un hombre a mis puertas topo.	2300
	¿Quién será?	

Paulín.　　　　　　　　　([*Ap.*] Hacia mí se viene;
¿mas que hay para mí y todo
fantasmita?)

Filipo.　　　　　　　　Caballero.

Paulín.　　([*Ap.*] A este nombre no respondo.
No habla conmigo.)

Filipo.　　　　　　　　　　　Esa es　　　　　　　　2305
mi casa.

Paulín.　　　　　　Yo no os la tomo;
gocéisla un siglo sin huésped
de aposento.

Filipo.　　　　　　　　　Si es forzoso
estar en aquesta calle
—que eso ni apruebo ni toco—,　　　　　　　2310
dadme lugar a que pase.

Paulín.　　([*Ap.*] Cortés habló y temeroso.
También hay sombras gallinas.)
Yo tengo mucho o un poco*
que hacer; entrad norabuena,　　　　　　　2315
que a ningún señor estorbo
que se entre a acostar, ni es justo.

Filipo.　　Yo la condición otorgo.
([*Ap.*] Bravas sombras esta calle
tiene. Cada noche noto　　　　　　　　　2320
que delante de mí viene
un hombre, y, más cuidadoso,
reparo que se me pierde
en estos umbrales propios,
pero a mí ¿qué me va en esto?)　　　*Vase.*　　2325

Saca la espada.

Paulín.　　Ya se fue. Agora es forzoso
esto: ¡Aguarda, sombra fría,
si eres sombra o si eres sombro!
No le alcanzo, ¡vive Dios!,

	que el aire acuchillo y corto.	2330

que el aire acuchillo y corto. 2330
Mas si es éste el caballero
que en el sereno nosotros
esperamos, ¡vive Dios!,
que él es un hombre dichoso,
pues ya se ha entrado a acostar. 2335
Mas otra vez rüido oigo
de cuchilladas y voces.
Allí son; por aquí corro.

Vase, y sale Ludovico y el embozado.

Ludovico. Ya salimos, caballero,
de la calle. Si era estorbo 2340
reñir en ella, ya estamos
cuerpo a cuerpo los dos solos.
Y pues mi espada no ofende
vuestra persona, me arrojo
a saber quién sois. Decidme, 2345
¿sois hombre, sombra o demonio?
¿No habláis? Pues he de atreverme
a quitaros el embozo.

Descúbrele y está debajo una muerte.*

y saber … ¡Válgame el cielo!
¿Qué miro? ¡Ay, Dios, qué espantoso 2350
espectáculo! ¡Qué horrible
visión! ¡Qué mortal asombro!
¿Quién eres, yerto cadáver,
que deshecho en humo y polvo
vives hoy?

Embozado. ¿No te conoces? 2355
Este es tu retrato propio:*
yo soy Ludovico Enio.

Desaparece.*

Ludovico. ¡Válgame el cielo! ¿Qué oigo?
¡Válgame el cielo! ¿Qué veo?
Sombras y desdichas toco: 2360

muerto soy.

Cae en el suelo y sale Paulín.

Paulín.	La voz es esta
	de mi señor. El socorro
	le llega a buen tiempo en mí.
	¡Señor!
Ludovico.	¿A qué vuelves, monstruo
	horrible? Ya estoy rendido
	a tu voz.
Paulín.	([*Ap.*] El está loco.)
	Que no soy el monstruo horrible;
	Juan Paulín soy, aquel tonto
	que sin qué ni para qué
	te sirve.
Ludovico.	¡Ay, Paulín! De modo
	estoy que ignoro quién eres.
	Pero, qué mucho, si ignoro
	quién soy yo. ¿Viste, por dicha,
	un cadáver temeroso,
	un muerto con alma, un hombre
	que en el armadura sólo
	se sustentaba, la carne
	negada a los huesos broncos,
	las manos yertas y frías,
	y el cuerpo desnudo y tosco,
	de sus cóncavos vacíos
	desencajados los ojos?
	¿Por dónde fue?
Paulín.	Pues si yo
	le hubiera visto, forzoso
	fuera que no lo dijera,
	pues en ese instante propio
	cayera de esotro lado
	más muerto que él.
Ludovico.	Y aun yo y todo,
	pues la voz muda, el aliento
	triste, el pecho pavoroso
	visten de yelo el sentido,

2365

2370

2375

2380

2385

2390

calzan a los pies de plomo.
Sobre mí he visto pendiente
la máquina de dos polos,
siendo de tanta fatiga   2395
breves Atlantes* mis hombros.
Parece que se levanta
de cada flor un escollo,
de cada rosa un gigante,
porque, sus cóncavos rotos,   2400
quiere arrojar de su vientre
los muertos que guarda en polvo.
Yo vi a Ludovico Enio
entre ellos. ¡Cielos piadosos,
escondedme de mí mismo,   2405
y en el centro más remoto
me sepultad, no me vea
a mí pues no me conozco!
Pero sí conozco, sí,
pues sé que fui yo aquel monstruo   2410
tan rebelde que a Dios mismo
se atrevió soberbio y loco;
aquél que tantos delitos
cometió, que fuera poco
castigo que Dios mostrara   2415
en él sus rigores todos,
y que, mientras fuera Dios,
padeciera rigurosos
tormentos en los infiernos.
Mas, después desto, conozco   2420
que son hechos contra un Dios
tan divino y tan piadoso,
que puedo alcanzar perdón
cuando arrepentido lloro.
Yo lo estoy, Señor, y en prueba   2425
de que hoy empiezo a ser otro
y que nazco nuevamente,
en vuestras manos me pongo.
No me juzguéis, justiciero;
pues son atributos propios   2430
la justicia y la piedad,
juzgad misericordioso.

Mirad vos qué penitencia
puedo hacer, que yo la otorgo,
que será satisfación   2435
de mi vida.

Dentro música.

Dentro.   El purgatorio.
Ludovico.   ¡Válgame el cielo! ¿Qué escucho?
                   Acentos son sonorosos,
                   iluminación parece
                   del cielo, que misterioso   2440
                   da auxilios al pecador.
                   Y pues en él reconozco
                   lo que Dios inspira, quiero
                   entrar en el purgatorio
                   de Patricio, y cumpliré,   2445
                   sujeto, humilde y devoto,
                   la palabra que le di,
                   viendo—si tal dicha toco—
                   a Patricio. Si este intento
                   es terrible, es riguroso,   2450
                   porque no hay humanas fuerzas
                   que resistan los asombros,
                   ni que sufran los tormentos
                   que ejecutan los demonios,
                   también fueron rigurosas   2455
                   mis culpas. Médicos doctos,
                   a peligrosas heridas
                   dan remedios peligrosos.
                   Vente conmigo, Paulín,
                   verás que a los pies me postro   2460
                   del obispo, y que confieso
                   allí mis pecados todos
                   a voces, por más espanto.

Paulín.   Pues, para eso, vete solo,
                   que no ha de ir acompañado   2465
                   un hombre tan animoso.
                   Y no he oído que ninguno
                   vaya al infierno con mozo.

	A mi aldea me he de ir,	
	allí vivo sin enojos,	2470
	y fantasma por fantasma,	
	bástame mi matrimonio.	*Vase.*

Ludovico. Públicas fueron mis culpas,
y así públicas dispongo
las penitencias. Iré   2475
dando voces, como loco,
publicando mis delitos.
Hombres, fieras, montes, globos
celestiales, peñas duras,
plantas tiernas, secos olmos,   2480
yo soy Ludovico Enio,
temblad a mi nombre todos,
que soy monstruo de humildad
si fui de soberbia monstruo,
y tengo fe y esperanza   2485
que me veréis más dichoso,
si en nombre de Dios, Patricio
me ayuda en el purgatorio.   *Vase.*

[CUADRO II]

Sale en lo alto del monte Polonia, y baja al tablado.

Polonia. Quisiera, ¡oh, Señor mío!,
que en estas soledades,   2490
una y mil voluntades
os diera mi albedrío,
y liberal quisiera
que cada voluntad un alma fuera.
  Quisiera haber dejado,   2495
no un reino humilde y pobre,
sino el imperio sobre
quien, siempre coronado,
ilumina y pasea
el sol en cuantos círculos rodea.*   2500
  Esta humilde casilla,

tan pobre y tan pequeña,
parto de aquesa peña,
octava maravilla
es, cuyo breve espacio   2505
la majestad excede del palacio.
  Más precio ver la salva*
del día cuando llora
blando aljófar la aurora
en los brazos del alba,   2510
y el sol, hermoso en ellas,
sale con vanidad borrando estrellas;
  más precio ver que baña,
al descender la noche,
su luminoso coche   2515
en las ondas de España,*
pudiendo la voz mía
alabaros, Señor, de noche y día,
  que ver las majestades,
con soberbia servidas,   2520
siempre desvanecidas
con locas vanidades,
siendo—¿a quién no le asombra?—
la vida—yo lo sé—caduca sombra.

        Sale Ludovico.

Ludovico.   ([*Ap.*] Yo voy constante y fuerte,   2525
          mi espíritu me lleva
          buscando aquella cueva
          donde el cielo me advierte
          la salud conocida,
          teniendo en ella purgatorio en vida.)   2530
            Dígasme tú, divina
          mujer, que este horizonte
          vives,* siendo del monte
          moradora vecina,
          ¿qué camino da indicio   2535
          para ir al purgatorio de Patricio?
Polonia.   Dichoso peregrino,
          que así buscando vienes
          de los más ricos bienes

	el tesoro divino,	2540
	bien podré yo guiarte,	
	que para eso no más vivo esta parte.	
	¿Ves ese monte?	
Ludovico.	([*Ap.*] Y veo	
	mi muerte en él.)	
Polonia.	([*Ap.*] ¡Ay, triste!	
	Alma, ¿qué es lo que viste?)	2545
Ludovico.	([*Ap.*] ¿Si es ella? No lo creo.)	
Polonia.	([*Ap.*] ¿Si es él? No certifico.)	
Ludovico.	([*Ap.*] ¿Esta es Polonia?)	
Polonia.	([*Ap.*] ¿Aquél es Ludovico?)	
Ludovico.	([*Ap.*] Pero ilusión ha sido,	
	porque a volver me obligue	2550
	de mi intento.) Prosigue.	
Polonia.	([*Ap.*] ¿Si vencerme ha querido	
	el común enemigo?	
	con sombras?)	
Ludovico.	¿No prosigues?	
Polonia.	Ya prosigo.	
	Pues este monte tiene	2555
	ese prodigio dentro,	
	a cuyo escuro centro	
	nadie por tierra viene,	
	y así por agua llega,	
	que esa laguna* en barcos se navega.	2560
	([*Ap.*] Con la venganza lucho,	
	con la piedad me venzo.)	
Ludovico.	([*Ap.*] Nuevas dudas* comienzo,	
	pues la miro y escucho.)	
Polonia.	([*Ap.*] Peleando estoy conmigo.)	2565
Ludovico.	([*Ap.*] Muerto estoy.) ¿No prosigues?	
Polonia.	Ya prosigo.	
	Esa laguna cerca	
	todo el monte eminente,	
	y así, más fácilmente,	
	por ella está más cerca	2570
	un convento sagrado,	

en medio de la isla fabricado.
  Canónigos reglares
le habitan, y a su cargo
está el discurso largo   2575
de avisos singulares,
de misas, confesiones,
ceremonias y muchas prevenciones
  que debe hacer primero
quien padecer quisiere   2580
en vida. ([Ap.] Pues no espere
este enemigo fiero
vencerme.)

Ludovico.   ([Ap. Mi esperanza
no ha de tener aquí desconfianza
  viendo el mayor delito*   2585
presente. Aunque me ofrece
culpas en que tropiece,
vencerme solicito.)

Polonia. ([Ap.] ¡Con qué fuerte enemigo
me veo!)

Ludovico.   ¿No prosigues?

Polonia.   Ya prosigo.   2590

Ludovico.   Pues el discurso acorta,
porque el alma me avisa
que importa el irme aprisa.

Polonia. A mí también me importa
que te vayas.

Ludovico.   Pues sea   2595
diciéndome, mujer, por dónde vea
  el camino.

Polonia.   Ninguna
persona de aquí pasa acompañada,
y así la esfera helada
de esa breve laguna,   2600
en un barco pequeño
has de pasar, siendo absoluto dueño
  de tus acciones. Llega,
que en la orilla está atado,
y en sólo Dios fiado,   2605

        los cristales navega
        de ese piélago presto.

Ludovico.   A mí también me va la vida en esto,
         y así al barco me entrego.*
        ¡Qué horror al alma ofrece!   2610
        Un ataúd parece,
        y yo, solo, navego
        por esta nieve fría.

      *Entrase dentro.**

Polonia.   Pues no vuelvas atrás, sigue y confía.
Ludovico.   Vencí, vencí, Polonia,   2615
        pues que no me ha rendido
        tu vista.
Polonia.   Yo he vencido,
        en esta Babilonia*
        confusa, enojo y ira.
Ludovico.   Tu fingido semblante no me admira,   2620
         aunque tomases forma
        para que yo dejase
        el fin que sigo y que desconfïase.
Polonia.   Mal el temor te informa,
        de ánimo pobre y de temores rico,   2625
        porque yo soy Polonia, Ludovico.
         La misma a quien tú diste
        muerte, que venturosa
        hoy vive más dichosa
        en este estado triste.   2630
Ludovico.   Pues ya el alma confiesa
        su culpa, y más de tu rigor le pesa,
         mis errores perdona.
Polonia.   Sí hago, y tu intento apruebo.
Ludovico.   Mi fe conmigo llevo.   2635
Polonia.   Esta sola te abona.
Ludovico.   Adiós.
Polonia.   Adiós.
Ludovico.   El su rigor aplaque.

Polonia.	Y El con vitoria de ese horror te saque.	*Vanse, y*

[CUADRO III]

*Salen dos Canónigos Reglares.**

Can. 1º.	Las ondas de la laguna	
	se mueven sin el veloz	2640
	viento; sin duda a la isla	
	llegan peregrinos hoy.	
Can. 2º.	Vamos a la orilla a ver	
	quiénes tan osados son,	
	que se atreven a tocar	2645
	nuestra obscura habitación.	

Sale Ludovico.

Ludovico.	Ya el barco fie a las ondas,	
	diré, el ataúd, mejor.	
	¿Quién navegó en sus sepulcros,	
	nieve y fuego, sino yo?	2650
	¡Qué ameno sitio que es éste!*	
	Aquí pienso que llamó	
	a cortes la primavera	
	la noble y plebeya flor.	
	¡Qué triste monte es aquél!	2655
	Tan disformes son los dos,	
	que les hace más amigos	
	la contraria oposición.	
	Allí cantan tristes aves	
	quejas que causan temor,	2660
	aquí pájaros alegres	
	enamoran con su voz.	
	Allí bajan los arroyos	
	despeñados con horror,	
	y aquí mansamente corren	2665
	dándole espejos al sol.	
	En medio desta fealdad	

	y esta hermosura, sacó	
	la frente un grave edificio:	
	miedo me causa y amor.	2670
	Mostrando pena y contento,	
	en este lugar estoy.	
Can. 1º.	Venturoso caminante	
	que te has atrevido hoy	
	a llegar a estos umbrales,	2675
	mil parabienes te doy.	
	Llega a mis brazos.	
Ludovico.	Al suelo	
	que pisas será mejor,	
	y llévame, por piedad,	
	agora a ver al prior	2680
	que este convento gobierna.	
Can. 1º.	Aunque indigno, yo lo soy.	
	Habla, prosigue, ¿qué dudas?	
Ludovico.	Padre, si dijera yo	
	quién soy, temiera que, oyendo*	2685
	de mí, le diera temor	
	mi nombre, porque mis obras	
	tan abominables son	
	que por no verlas se cubre	
	de luto ese resplandor.	2690
	Soy un abismo de culpas	
	y un piélago de furor;	
	soy un mapa de delitos,	
	y el más grave pecador	
	del mundo; y para decillo	2695
	todo en sola una razón	
	—aquí me falta el aliento—,	
	Ludovico Enio soy.	
	Vengo a entrar en esta cueva	
	donde, si hay satisfación	2700
	a tantas culpas, lo sea	
	su penitencia. Yo estoy	
	absuelto, ya que el obispo*	
	de Hibernia me confesó,	
	e informado de mi intento,	2705
	con agrado y con amor,	

me consoló, y para ti
aquestas cartas me dio.

Can. 1º.　No se toma en sólo un día
tan gran determinación, 　　　　　　2710
Ludovico, que estas cosas
muy para pensadas son.
Estad aquí algunos días
huésped, y después los dos
lo veremos más despacio. 　　　　　2715

Ludovico.　No, padre mío, eso no,
que no me he de levantar
desta tierra hasta que vos
me concedáis este bien.
Auxilio fue, inspiración 　　　　　2720
de Dios la que aquí me trujo,
no vanidad, no ambición,
no deseo de saber
secretos que guarda Dios.
No pervirtáis* este intento, 　　　2725
que es divina vocación.
Padre mío, piedad pido:
dad a mis penas favor,
dad a mis ansias consuelo,
dad alivio a mi dolor. 　　　　　　2730

Can. 1º.　Tú, Ludovico, ¿no adviertes
que pides mucho, y que son
los tormentos del infierno
los que has de pasar? Valor
no tendrás para sufrirlos. 　　　　2735
Muchos, Ludovico, son
los que entraron, pero pocos
los que salieron.

Ludovico.　　　　　　Temor
no me dan sus amenazas,
que yo protesto que voy 　　　　　2740
sólo a purgar mis pecados,
cuyo número excedió
a las arenas del mar
y a los átomos del sol.
Firme esperanza tendré 　　　　　2745

puesta siempre en el Señor,
a cuyo nombre, vencido
queda el infierno.

Can. 1º.   El fervor
con que lo dices me obliga
que abra las puertas hoy.   2750
Esta, Ludovico, es
la cueva.

Abren la boca de la cueva.

Ludovico.   ¡Válgame Dios!
Can. 1º.   ¿Ya desmayas?
Ludovico.   No desmayo;
asombro el verla me dio.
Can. 1º.   Aquí otra vez te protesto: 2755
no entres por causa menor
que por pensar que así alcanzas
de tus pecados perdón.
Ludovico.   Padre, ya estoy en la cueva
Aquí atiendan a mi voz   2760
hombres, fieras, cielos, montes,
día, noche, luna y sol,
a quien mil veces protesto,
a quien mil palabras doy,
que entro a padecer tormentos,   2765
por ser tan gran pecador
que tan grande penitencia
es poca satisfación
de mis culpas, y pensar
que está aquí mi salvación.   2770
Can. 1º.   Pues entra, y siempre en la boca
lleva, y en el corazón,
de Jesús el nombre.
Ludovico.   El sea
conmigo. Señor, Señor,
armado de vuestra fe,   2775
en el campo abierto estoy
con mi enemigo; este nombre

me ha de sacar vencedor.
La señal de la cruz hago
mil veces. ¡Válgame Dios!   2780

Aquí entra en la cueva, que será como se pudiere hacer
más horrible, y cierren con un bastidor.*

Can. 1º.   De cuantos aquí han entrado,
               nadie tuvo igual valor.
               Dádsele, justo Jesús;
               resista la tentación
               de los demonios, fïado,   2785
               divino Señor, en vos.   *Vanse.*

[CUADRO IV]

Salen Lesbia, Filipo, Leogario, Capitán, y Polonia.

Lesbia.   Antes, pues, que lleguemos
               donde nos lleva tu valor, podemos
               decir a qué venimos
               todos a verte, puesto que trujimos   2790
               determinado intento.
Polonia.   Decid andando vuestro pensamiento,
               y siguiendo mi paso,
               porque os llevo a admirar el mayor caso
               que humanos ojos vieron.   2795
Lesbia.   Pues nuestras pretensiones éstas fueron:
               Polonia, tú veniste
               a este monte, y en él vivir quisiste,
               haciéndome heredera,
               en vida, de un imperio; yo quisiera   2800
               darte en mi intento parte,
               y así de todo aquí vengo a informarte.
               Mi voluntad te dejo,
               preceptos pido, hermana, no consejo.
               Una mujer no tiene   2805

	valor para el consejo, y le conviene	
	casarse.	
Polonia.	Y es muy justo,	
	y si es Filipo el novio, ése es mi gusto,	
	pues con eso he podido,	
	Lesbia, dejarte el reino y el marido,	2810
	porque todo lo debas	
	a mi amor.	
Filipo.	Las edades vivas nuevas	
	del sol, que cada día muere y nace,	
	y fénix de sus rayos se renace.	
Polonia.	Pues ya que habéis logrado	2815
	vuestro intento los dos, este cuidado	
	con que aquí os he traído	
	quiero que todos escuchéis qué ha sido.	
	Con fervientes estremos,	
	vino un hombre, a quien todos conocemos,	2820
	buscando de Patricio	
	la cueva, para entrar en su ejercicio.	
	Entró en ella y hoy sale,	
	y porque aquí la admiración iguale	
	al temor y al espanto,	2825
	os truje a ver este prodigio santo.	
	No os dije allá lo que era,	
	porque el temor cobarde no impidiera	
	el fin que osada sigo,	
	y así os truje conmigo.	2830
Lesbia.	Ha sido intento justo,	
	que yo con el temor mezclaré el gusto.	
Filipo.	Todos saber deseamos	
	la verdad de las cosas que escuchamos.	
Polonia.	Si el valor le ha faltado,	2835
	y dentro de la cueva se ha quedado,	
	por lo menos veremos	
	el castigo; y si sale, dél sabremos	
	de aquí lo misterioso,	
	si bien, sale el que sale, temeroso	2840
	tanto, que hablar no puede,	

y huyendo de las gentes, se concede
solo a las soledades.

Leogario.   Misterios son de grandes novedades.

Capitán.   A buen tiempo llegamos,   2845
pues que los religiosos que miramos,
en lágrimas bañados,
con silencio a la cueva van guïados
para abrirle la puerta.

     Salen los más que pudieren, y llegan a la cueva, de donde
     sale Ludovico como asombrado.

Can. 1º.   La del cielo, Señor, tened abierta   2850
a lágrimas y voces.
Venza este pecador esos atroces
calabozos, adonde
de vuestro rostro la visión se esconde.

Polonia.   Ya abrió.

Can. 1º.   ¡Qué gran consuelo!   2855

Filipo.   Ludovico es aquél.

Ludovico.   ¡Válgame el cielo!
¿Es posible que he sido
tan dichoso que, ya restitüido,
después de tantos siglos, me he mirado
a la luz?

Capitán.   ¡Qué confuso!

Leogario.   ¡Qué turbado!   2860

Can. 1º.   A todos da los brazos.

Ludovico.   En mí serán prisiones, que no lazos.
Polonia, pues te veo,
ya mi perdón de tus piedades creo;
y tú, Filipo, advierte   2865
que un ángel te ha librado de la muerte
dos noches que he querido
matarte; que perdones mi error pido.
Y dejadme que, huyendo
de mí, me esconda el centro; así pretendo   2870
retirarme del mundo,

que quien vio lo que yo, con causa fundo
que ha de vivir penando.

Can. 1º.   Pues de parte de Dios, Enio, te mando*
que digas lo que has visto.   2875

Ludovico.   A tan santo precepto no resisto,
y porque al mundo asombre,
y no viva en pecado muerto el hombre,
y a mis voces despierte,
mi relación, grave concurso, advierte: 2880

Después de las prevenciones,*
tan justas y tan solenes,
como para tanto caso
se piden y se requieren,
y después que yo de todos,   2885
con fe y ánimo valiente,
para entrar en esa cueva
me despedí tiernamente,
puse mi espíritu en Dios,
y repitiendo mil veces   2890
las misteriosas palabras
de que en los infiernos temen,
pisé luego sus umbrales,
y esperando a que me cierren
la puerta, estuve algún rato.   2895
Cerráronla al fin, y halléme
en noche obscura, negado
a la luz tan tristemente
que cerré los ojos yo,
propio afecto del que quiere   2900
ver en las obscuridades,
y, con ellos desta suerte,
andado fui hasta tocar
la pared que estaba enfrente,
y, siguiéndome por ella,   2905
como hasta cosa de veinte
pasos,* encontré unas peñas,
y advertí que, por la breve
rotura de la pared,
entraba dudosamente   2910
una luz que no era luz,

como a las auroras suele
el crepúsculo dudar
si amanece o no amanece.
Sobre mano izquierda entré,   2915
siguiendo con pasos leves
una senda, y al fin della
la tierra se me estremece
y, como que quiere hundirse,
hacen mis plantas que tiemble.   2920
Sin sentido quedé, cuando
hizo que a su voz despierte
de un desmayo y de un olvido,
un trueno que horriblemente
sonó, y la tierra en que estaba   2925
abrió el centro, en cuyo vientre
me pareció que caí
a un profundo, y que allí fuesen
mi sepultura las piedras
y tierra que tras mí vienen.   2930
En una sala me hallé
de jaspe,* en quien los cinceles
obraron la arquitectura
docta y advertidamente.
Por una puerta de bronce   2935
salen y hacia mí se vienen
doce hombres que, vestidos
de blanco conformemente,
me recibieron humildes,
me saludaron corteses.   2940
Uno, al parecer entre ellos
superior, me dijo: «Advierte
que pongas en Dios la fe,
y no desmayes por verte
de demonios combatido,   2945
porque si volverte quieres,
movido de sus promesas
o amenazas, para siempre
quedarás en el infierno
entre tormentos crüeles.»   2950
Angeles para mí fueron
estos hombres, y de suerte

me animaron sus razones,
que desperté nuevamente.
Luego, de improviso, toda   2955
la sala llena se ofrece
de visiones infernales
y de espíritus rebeldes,
con las formas más horribles
y más feas que ellos tienen,   2960
que no hay a qué compararlos,
y uno me dijo: «Imprudente,
loco, necio, que has querido
antes de tiempo ofrecerte
al castigo que te aguarda   2965
y a las penas que mereces.
Si tus culpas son tan grandes
que es fuerza que te condenes,
porque en los ojos de Dios
hallar clemencia no puedes,   2970
¿por qué quisiste venir
tú a tomarlas? Vuelve, vuelve
al mundo, acaba tu vida,
y, como viviste, muere.
Entonces vendrás a vernos,   2975
que ya el infierno previene
la silla que has de tener
ocupada eternamente.»
No le respondí palabra,
y, dándome fieramente*   2980
de golpes, de pies y manos
me ligaron con cordeles;
y luego, con unos garfios
de acero, me asen y hieren,
arrastrándome por todos   2985
los claustros, adonde encienden
una hoguera, y en sus llamas
me arrojan. «Jesús, valedme»,
dije. Huyeron los demonios,
y el fuego se aplaca y muere.   2990
Lleváronme luego a un campo,*
cuya negra tierra ofrece
frutos de espinas y abrojos

por rosas y por claveles.
Aquí el viento que corría   2995
penetraba sutilmente
los miembros, aguda espada
era el suspiro más debil.
Aquí, en profundas cavernas,
se quejaban tristemente   3000
condenados, maldiciendo
a sus padres y parientes.
Tan desesperadas voces,
de blasfemias insolentes,
de reniegos y por vidas,   3005
repetían muchas veces,
que aun los demonios temblaban.
Pasé adelante, y halléme
en un prado, cuyas plantas
eran llamas, como suelen   3010
en el abrasado agosto
las espigas y las mieses.
Era tan grande, que nunca
el término en que fenece
halló la vista. Y aquí   3015
estaban diversas gentes
recostadas en el fuego.
A cuál pasan y trascienden
clavos y puntas ardiendo;
cuál los pies y manos tiene   3020
clavados contra la tierra;
a cuál las entrañas muerden
víboras de fuego;* cuál
rabiando ase con los dientes
la tierra; cuál a sí mismo   3025
se despedaza, y pretende
morir de una vez, y vive
para morir muchas veces.
En este campo me echaron
los ministros de la muerte,   3030
cuya furia al dulce nombre
de Jesús se desvanece.
Pasé adelante, y allí*
curaban, de los crüeles

tormentos, a los heridos   3035
con plomo y resina ardiente,
que echados sobre las llagas
eran cauterios más fuertes.
¿Quién hay que aquí no se aflija?
¿Quién hay que aquí no se eleve,   3040
que no llore y no suspire,
que no dude y que no tiemble?
Luego, de una casería,*
vi que por puerta y paredes
estaban subiendo rayos,   3045
como acá se ve encenderse
una casa, en quien el fuego
revienta por donde puede.
Esta, me dijeron, es
la quinta de los deleites,   3050
el baño de los regalos,
adonde están las mujeres
que en esotra vida fueron,
por livianos pareceres,
amigas de olores y aguas,   3055
unturas, baños y afeites.
Dentro entré, y en ella vi
que en un estanque de nieve
se estaban bañando muchas
hermosuras excelentes.   3060
Debajo del agua estaban
entre culebras y sierpes,
que de aquellas ondas eran
las sirenas y los peces.
Helados tenían los miembros   3065
entre el cristal trasparente,
los cabellos erizados,
y traspillados los dientes.*
Salí de aquí y me llevaron*
a una montaña eminente,   3070
tanto que, para pasar,
de los cielos con la frente
abolló, si no rompió,
ese velo azul celeste.
Hay en medio desta cumbre   3075

un volcán que espira y vierte*
llamas, y contra los cielos
que las escupe parece.
Deste volcán, deste pozo,
de rato en rato procede   3080
un fuego, de quien salen muchas
almas, y a esconderse vuelven,
repitiendo la subida
y bajada muchas veces.
Un aire abrasado aquí*   3085
me cogió improvisamente,
haciéndome retirar
de la punta, hasta meterme
en aquel profundo abismo.
Salí dél, y otro aire viene,   3090
que traía mil legiones,
y a empellones y vaivenes
me llevaron a otra parte,
donde agora me parece
que todas las otras almas   3095
que había visto juntamente
estaban aquí, y, con ser
sitio de más penas éste,
miré a todos los que estaban
allí con rostros alegres.   3100
Con apacibles semblantes,
no con voces impacientes,
sino clavados los ojos
al cielo, como quien quiere
alcanzar piedad, lloraban   3105
tierna y amorosamente;
en que vi que este lugar
el del purgatorio fuese,
que así se purgan allí
las culpas que son más leves.   3110
No me vencieron aquí
las amenazas de verme
entre ellos, antes me dieron
valor y ánimo más fuerte.
Y así, los demonios, viendo   3115
mi constancia, me previenen

la mayor penalidad,
y la que más propiamente
llaman infierno, que fue
llevarme a un río que tiene*   3120
flores de fuego en su margen,
y de azufre es su corriente:
monstruos marinos en él
eran hidras y serpientes.
Era muy ancho y tenía*   3125
una tan estrecha puente,
que era una línea no más,
y ella tan delgada y débil,
que a mí no me pareció
que, sin quebrarla, pudiese   3130
pasarla. Aquí me dijeron:
«Por ese camino breve
has de pasar; mira cómo
y para tu horror advierte
cómo pasan los que van   3135
delante». Y vi claramente
que otros, que pasar quisieron,
cayeron donde las sierpes
les hicieron mil pedazos
con las garras y los dientes.   3140
Invoqué de Dios el nombre,
y con él pude atreverme
a pasar de esotra parte,
sin que temores me diesen
ni las ondas ni los vientos,   3145
combatiéndome inclementes.
Pasé al fin y en una selva
me hallé, tan dulce y tan fértil
que me pude divertir
de todo lo antecedente.   3150
El camino fui siguiendo
de cedros y de laureles,
árboles del paraíso,
siéndolo allí propiamente.
El suelo, todo sembrado*   3155
de jazmines* y claveles,
matizaba un espolín*

encarnado, blanco y verde.
Las más amorosas aves
se quejaban dulcemente   3160
al compás de los arroyos
de mil repetidas fuentes.
Y a la vista descubrí
una ciudad eminente,
de quien era el sol remate   3165
a torres y chapiteles.
Las puertas eran de oro,*
tachonadas sutilmente
de diamantes, esmeraldas,
topacios, rubíes, claveques.*   3170
Antes de llegar se abrieron,*
y en orden hacia mí viene
una procesión de santos,
donde niños y mujeres,
viejos y mozos venían,   3175
todos contentos y alegres.
Angeles y serafines
luego en mil coros proceden
con süaves instrumentos
cantando dulces motetes.   3180
Después de todos venía,
glorioso y resplandeciente,
Patricio, gran patriarca,
y, dándome parabienes
de que yo antes de morirme   3185
una palabra cumpliese,
me abrazó, y todos mostraron
gozarse en mis propios bienes.
Animóme y despidióme,
diciéndome que no pueden*   3190
hombres mortales entrar
en la ciudad excelente,
que mandaba que a este mundo
segunda vez me volviese.
Y al fin por los propios pasos   3195
volví, sin que me ofendiesen
espíritus infernales;
llegué a tocar finalmente

la puerta, cuando llegásteis
todos a buscarme y verme.   3200
Y pues salí de un peligro,
permitidme y concededme,
piadosos padres, que aquí
morir y vivir espere,
para que acabe con esto   3205
la historia que nos refiere
Dionisio,* el gran cartujano,*
con Enrique Salteriense,*
Mateo, Jacobo, Ranulfo,*
y Cesario Esturbaquense;*   3210
Mombrisio, Marco Marulo,*
David Roto, el prudente,*
primado de toda Hibernia;
Belarmino, Beda, Serpi*
—fray Dimas—, Jacob, Solino*,   3215
Mesingano;* y, finalmente,
la piedad y la opinión
cristiana que lo defiende;
porque la comedia acabe
y su admiración empiece.   3220

NOTES

VARIANTS

PRIMERA JORNADA

[Heading] Comedia ... Patricio] COMEDIA FAMOSA. EL PVRGATORIO DE San Patricio VS; LA GRAN COMEDIA, EL PVRGATORIO DE SAN PATRICIO VT; famosa comª del Purgatorio de San patriçio MS.

[Heading] *De D. ... Vega] not in* VS; *DE DON PEDRO CALDERON de la Barca* VT; De Calderon [*added by a different hand*] MS.

[Cast] *Personas ... villanos] not in* MS.

[Cast] *Irlanda] Ingalaterra* QCL; *Inglaterra* VSL, VS; *not in* MS.

[Cast] *Un Capitán ... villanos] Patricio./ Ludouico Enio./ Vn Angel bueno./ Vn Angel malo./ Filipo./ Leogario./ Vn Capitan./ Polonia, Dama./ Lesbia, Dama./ Llocia, Villana./ Dos Canonigos Reglares./ Dos Villanos./ Vn viejo de Villano./ Paulin, Villano./ Vn hombre embozado* VT.

[Cast] *Locía]* VT *spells* Llocia *throughout.*

1 PRIMERA JORNADA] *not in* QCL, VSL, VS, MS; IORNADA PRIMERA VT.

1 *Salen ... Lesbia] Sale el Rey Egerio vestido de pieles, muy furioso, y Leogario, Polonia, Lesbia, y el Capitan* VT; *tocan clarin y caxa y sale el rrey ejerio alborotado y con el deteniendole legario polonia y lesbia capitan y soldados — y ejerio sale bestido de Pieles* MS.

1 *deteniéndole]defendiendole* QCL, VSL, VS.

1 *Rey]* MS *uses* 'ejerio' *throughout the play.*

1 Dejadme] 'todos' *deleted after* 'dejadme' *in* MS.

2 *Opposite this line in the margin of MS:* 'vea esta comedia el Mº Navarro y dela su parezer'.

4 vecina] vezinal QCL.

14 cuarta] quinta MS.

17 en ... encierra] *not in* VS, VT.

18 hago] açe MS

27 injuriarle] ynjurialle MS.

42 ardéis] arder QCL, VSL, VS.

44 estas] essas VT.

46 *Tocan una trompeta] Suena vn clarin* VT; *tocan* MS.

59 *Ap.] not in* QCL, VSL, VS, MS.

59 más parte] parte le MS.

66 este] esse VT, MS.

66 monstruo] monstro MS.

73 *Lesbia] not in* MS.

73-91 *These lines are boxed in for omission in* MS; *the word 'No' is written in the margin.*

74 vidrios] bidros MS.

75 su] *not in* MS.

77 surca] sulca VT, MS.

78 amparada] despreziada MS.

111-12 Filipo ... / ... Filipo] Felipo ... / Felipo QCL, VSL, VS.

112 los vientos] el biento MS.

116 sus] soy MS.

117 efeto] efetos QCL, VSL, VS; efectos VT.

121 con] en MS.

130 *Dentro Patricio] Dentro Ludouico* MS.

130 *Patricio] not in* MS.

137 trujo] traxo VT; indujo MS.

140 pues] pues solo QCL, VSL, VS, VT, MS.

141 *Salen... Ludovico] Sale Ludouico y S patriçio mojados* MS

141 *caen saliendo] en saliendo, cae* VT.

142 han] a MS.

143 *Polonia] Rey* QCL, VSL, VS, VT.

146 espero] espeto QCL

148 ablanden. Mísero] ablande vn misero VT.

151 que de] que ni de QCL, VSL, VS; ni de VT.

154 ignoréis] ynoreis MS.

157 soy] sois MS.

158 vista] vida QCL, VSL, VS, VT.

167 ansí] asi VSL, VS, VT, MS.

171 el morir ... creemos] naçer y morir solo sauemos MS.

174 propio] proprio VT.

176 Emptor] es Tox QCL, VSL, VS, VT; entox MS.

178 setentrión] Septentrion VT.

179 occidente] oçidente MS.

194 fuera] fuerça QCL, VSL, VS, VT. MS *had originally* 'fuerça', *but it was altered to* 'fuera'.

214 Huérfano] guerfano MS.

223 omnipotencia] onipotencia MS.

234 Gormas] Germas QCL, VSL, VS, VT. MS *had originally* 'Germas', *but it was altered to* 'Gormas'.

241 las] as VSL.

254 fluctuar] flutuar MS.

257 suspensa] suspensas QCL, VSL, VS.

272 lección] leçion MS.

292 algunos] ha algunos VT.

293 tierras y mares] que Mar, y Tierra VT.

296 me] *not in* VS.

314 el] al VT.

314 pretende] preteude VSL.

315 sus] las QCL, VSL, VS, VT.

318 exhalación] exsalaçion MS.

319 o] v MS.

322 desatado] desatando QCL, VSL, VS.

327 efeto] efecto VT.

329 aliento] aiiento VSL.

332 deste] de ese MS.

341 o] v MS.

346 aflicción] aflicion VSL; afliçion MS.

347 obliguen] obligue QCL, VSL.

352 y] y a VS.

356 escupiendo] esculpiendo QCL, VSL.

362 dotrina] doctrina VSL, VT.

371 a] en VT.

372 dar] darle VS.

374 *Ap.*] *not in* QCL, VSL, MS.

378 efeto] efecto VT.

380 yo] ys VSL.

398 después de ser] aunque somos VT.

399 somos los dos] los dos, somos VT.

406 vida] vid VS.

407 le juro le] lo juro lo MS.

410 mí; delitos] mis delitos VT.

424 empleado] aplicado MS.

437 resuelto] rresueltos MS.

439 efetos] efectos VS, VT.

440 cosas] causas MS.

442 Irlanda] Italia QCL, VSL, VS, MS.

444 España] françia MS.

453 juegos] juego VT.

454 toda] todo VT.

457 extenso] estenso MS.

461 noble] pobre MS.

476 olvidó] olbide MS.

480 Ingalaterra y Francia] Inglaterra, y Francia VS; Francia, y Inglaterra VT.

487 bandera] *In MS, the word* 'xineta', *added in by a different hand, replaces deleted* 'bandera'.

489 aquella] aquesta VT.

491 a un] vn VS.

491 cuerpo] juego QCL, VSL, VS.

492 guardia] guarda MS.

492 nonada] *In* MS, 'una suerte', *added in by a different hand, replaces deleted* 'nonada'.

500 a … muerte] di la muerte a dos corchetes MS.

501 bueno] bien hecho QCL, VSL, VS, VT.

503 téngale] tengalos MS.

504 en fin, en un] al fin en el MS.

506 que estaba] que estavan VS; questaba MS.

508 retirado] rretraydo MS.

517 agrado] grado VSL, VS.

518 monstruo … imposible] monstro … apacible MS.

521 aviva] vive QCL, VSL, VS.

523 propio] proprio VT.

524 en fin] al fin MS.

525 y] que MS.

526 lo horrible] y lo horrible VT.

527 estima] lo estima MS.

527 por sólo] solo por VT.

528 Turbada] turbado MS.

528 aquí] aqu VSL.

530 muda fallece] me desfalleze MS.

534 obscuras] oscuras MS.

534 sombras] sombra VS.

535 cabellos] cauello MS.

536 yo … dudoso] ya turbado y confuso MS.

541 de feo] y de feo MS.

543 ansí] asi VSL, VS, VT, MS.

543 te lo] se le QCL, VSL, VS; te le VT.

546-63 *These lines were cancelled by the censor through the insertion of some vertical lines and the boxing in of certain passages in* MS; *the word* 'No' *appears in the margin.*

547 noturno] nocturno VT.

551 escuro] obscuro VT; oscuro MS.

554 exequias] esequias MS.

555 nocturnas] noturnas MS.

557 zafir] *illegible in* MS.

560 esta] *deleted in* MS; *the word* 'vna' *was written above it by a different hand.*

561 huerto] guerto MS.

562 dos] doze MS.

568 donde] *deleted in* MS; *the word* 'como' *is written above it.*

578 adonde, si] donde solo MS.

581 efetos] efectos VT.

582 locuras] *originally* MS *had* 'mujeres'; *then,* 'mujeres' *was crossed out and* 'locuras' *written above it.*

583 así] ansi MS.

587 un] su MS.

589 estupro] estrupo MS.

592 efeto] efecto VT.

594 huerta] buelta QCL, VSL, VS, VT, MS.

598 porque] *deleted in* MS; 'pero' *is written above it.*

598 hallándome] biendome MS.

606 tener] de tener VT.

606 vergüenza de algo] vengança de alguno QCL, VSL, VS; vergüença alguna VT.

613 le] la VT.

614-17 *In* MS, *the censor wrote in the margin opposite these lines:* 'esto aun con todo es escandaloso y para ponderar su mala vida sobra lo referido'.

617 espaldas] espa das QCL.

622 la … mundo] las tormentas pasadas MS.

626 viendo] *illegible in* MS.

627 ya les] *illegible in* MS.

629 sufriese] *illegible in* MS.

630 el] en MS.

633 como mi] como en mi MS.

635 en] al MS.

637 recibió] rreciue MS.

638 madrastra] madastra VSL, VS.

646   peligrosa defensa] *deleted in* MS; 'notable resistencia' *added in by a different hand.*

654   mares y montes] montes, y mares VT.

655   y tal esfuerzo] tal estruendo MS.

656   hicieron] hiziero VS.

656   hicieron donaire] *deleted in* MS; 'tubieron asonbro' *added in by a different hand.*

658   trabucos] ttabucos VSL.

658-67 *These lines are boxed in for deletion in* MS.

659   sus] los MS.

663   que es] ques MS.

664   en ... las] los nacares en sus QCL, VSL, VS.

666   del] de la MS.

666   con] en QCL, VSL; en el VS; en su VT.

669-91 *These lines have been inserted in the right-hand side margin of* MS.

670-71   sin ... / ... monumentos] *not in* QCL, VSL, VS, VT.

672   sus] tus MS.

678   su ... siempre] sienpre su rrostro MS.

683   agonizando] agoniçada MS.

684   agora] aqui MS.

689   acabe] acab. VS.

691   que a penas podrá] que apenas podrà QCL, VSL, VS, VT; ques ynposible MS.

700   así] ansi MS.

703   *Arrójale ... pie*] *Arroja en el suelo a Patricio, y le pone encima el pie* VT; *not in* MS.

703   *suelo*] su lo VS.

704   a] *not in* VT.

706   veas] vea QCL, VSL, VS.

707   y] o MS.

717   así] ansi MS.

720   A ver] veamos VT.

723   de ese] dese VSL, VS, MS; de este VT.

724   mueve] VT *adds the S. D.: 'Vase'.*

726   moverme] no verme QCL, VSL, VS.

727   *Vanse*] Vase QCL, VSL, VS, VT.

735   de los] destos MS.

744   *Salen ... villana*] *filipo y luçia* MS.

744   *Locía.* Perdonad] *Lu* perdonad MS.

752-55 *These lines are not in* MS.

758   así] ansi MS.

759   por] per MS.

759   quistiones] questiones VT.

762   *Sale ... abrazados*] *Paulin al paño* MS.

762   *villano*] *not in* VT.

762   *Ap.*] *not in* QCL, VSL, VS, VT, MS.

770   que esta] questa MS.

775   *Ap.*] *not in* QCL, VSL, VS, VT, MS.

775-78 *These lines were cancelled by the censor in* MS; *portions of this passage are illegible.*

775   qué] *not in* QCL, VSL.

786   lo] los QCL, VSL, VS, VT.

786   vistes] visteis VS.

788   *Ap.*] *not in* QCL, VSL, VS, VT, MS.

788   la] lo MS.

790   que es] ques MS.

790   aquésa] aquesta VS.

793   *Ap.*] *not in* QCL, VSL, VS, VT, MS.

796   trujese] traxesse VT.

800   *Ap.*] *not in* QCL, VSL, VS, VT, MS.

800   habrar] hablar VS, MS.

806   abrazos] abraço VS.

813   soy] so VT.

814   la] *not in* QCL, VSL.

816 diablo] diabro VT.

821 hecha] echa QCL, VSL, VS, MS.

823 así] ansi MS.

825 clara] crara VT.

828 maridería] madederia QCL, VSL; maçaderia VS.

835 veinte y cinco] beinticinco MS.

836 quien] el que VT.

837 la paz] *not in* QCL, VSL, VS, VT.

837 qué] dime què VT.

839 lo] los VSL.

840 mijor] mejor MS.

844 sí] ansi MS.

848 *Sale Filipo*] *not in* MS.

848 *Ap.*] *not in* QCL, VSL, VS, VT, MS.

851 estoy] esto VT.

855 estoy] esto VT.

858 tomá ... en la] tomad ... à VT.

859 a] *not in* VT.

861 en] a MS.

863 el] la MS.

868 *Leogario*] *Leogalo* QCL; *Legario* VS.

868 *y un*] *vn* VT, MS.

868 *villano viejo*] *viejo Villano* VT.

868 *de esclavo*] *desclauo* MS.

868 Esto] Este VS.

868 y que esté] que aqui MS.

869 sirviendo] le tengais MS.

870 ocupado] enpleado MS.

871 así lo haré] lo are ansi MS.

872-75 *These lines are not in* QCL, VSL, VS, VT.

873 que es ... que esté] *not in* QCL, VSL, VS, VT; ques ... queste MS.

876 qué es] ques MS.

880 agora] *The words* 'aqui pau' *are deleted before this word in* MS.

882 brazos] abraços QCL.

892 de eso] desto VT; deso MS.

912 magín] imagin QCL, VSL, VS.

913 anticipo] anteçipo MS.

914 Filipo] helipo MS.

920 servirle] seruille MS.

922 y] e MS.

931 a mí] yo MS.

932 *Vanse*] *base* MS.

932 *Leogario*] *Leogalio* QCL.

935 que] *not in* VS.

935 que hemos] quemos MS.

942 así] ansi MS.

944 a] *not in* MS.

945 humildad] omildad MS.

947 enficionándome] enfeçionandome MS.

950 aquí alguno] alguno aqui VT.

951 hayáis] aya QCL, VSL, VS.

951 inficionado] enficionado VT; enfeçionado MS.

952 Sois] Sos VT.

958 Decí] Decid VT, MS.

959 pergeño] pergenio QCL, VSL, VS.

965 así] ansi MS.

969 Vuestra] vuessa VT.

975 lo] llo VT.

979 podéis] podreis VT.

986 teniendo] tiniendo MS.

992 habláis] habrais VT.

996 Estos] esos MS.

996 cielos] velos QCL, VSL, VS, VT.

1000 Impíreo] Imperio VSL, VS; Empireo VT.

1003 desa] de essa VT.

1005 se] *not in* QCL, VSL, VS.

1010 que habéis] quien a MS.

1012 el agua] la tierra QCL, VSL, VS, MS.

1014 efeto] efecto VT.

1014 tienen] tiene VS.

1019 conocisteis] conocistis QCL, VSL; conocistes MS.

1023 *En ... carta*] *Baxa en vna apariencia vn Angel, que trae en vna mano vn es-*

cudo, y en él vn espejo, y en la otra mano vna carta VT; *Vn anjel* MS.

1023 *carta*] *caña* QCL, VSL, VS; *not in* MS.

1024 ¿Quién llama?] *altered in* MS *to* 'quien me llama'.

1024 llamó] llama MS.

1026 debe] debe de VT.

1027 *In* MS, *in the margin, opposite this line:'Tocan'.*

1029 mas] pero VT.

1030 guardalle] guardarle VT.

1030 *Vase*] *not in* QCL, VSL, VS, MS.

1038 vertiendo] perdiendo QCL, VSL, VS, MS.

1039 *In* MS, *in the margin, opposite this line:* 'tocan baxa'.

1042 Victor] Vitor QCL, VSL, VS.

1045 *Dale una carta*] *Dale la carta* VT; *not in* MS.

1048 asistís] asistes VT, MS.

1050 llamáis] llamas QCL, VSL, VT.

1055 así] ansi MS.

1056 *Lee*] *Leo.* VSL, VS; *not in* MS.

1057 de esclavitud] desclauitud MS.

1070 dotrina] doctrina VT.

1071 de esclavitud] desclauitud MS.

1074 porque su legado] y con su ebanjelio MS.

1083 y ... san] visitaràs a VT.

1084 Tours] Tobos QCL, VSL, VS, MS.

1092 *Sube ... cubrirse*] *buelan* VT; *not in* MS.

SEGUNDA JORNADA

[Heading] SEGUNDA JORNADA] IORNADA SEGVNDA VT; Segunda Jornada del Purgatorio MS.

[Heading] Del ... Patricio] *not in* VS, VT.

1099 mi] a mi MS.

1101 mayor] mejor MS.

1110 enriquecido] enloquecido QCL, VSL, VS, VT.

1117 padre] presencia VS.

1119 envidiar] embidiarte VS.

1121 tierra] guerra QCL, VSL, VS.

1123 adquirido] adquerido MS.

1127 causa] cansa VSL.

1136 agrada] aguarda QCL, VSL, VS, VT.

1137 *Sale Filipo*] *Filipo al paño* MS.

1137 *Ap.*] *not in* QCL, VSL, VS, VT, MS.

1144 sabré] sobre QCL, VSL.

1147 ¡ay triste!] *deleted in* MS; 'Pol ay triste' *added in.*

1159 tengo] tuve VS.

1161 te exceda] le eçeda MS.

1162 excederme] eçederme MS.

1165 engañé] engaño MS.

1167 *un bofetón*] *vna bofetada* VT.

1172 *Sacan ... Filipo*] *Sale ejerio y soldados* MS.

1172 *espadas*] *espaldas* VSL.

1176 su] tu MS.

1182 Prendelde] Prendele VT.

1186 Que esto] questo MS.

1187 Seguilde] Seguidle VT.

1190 pasar] pssar VSL.

1192 *Acuchíllalos ... solo*] *Acuchillalos à todos, y quedo Egerio solo* VS; *Acuchillalos a todos, y entranse, quedando Egerio solo* VT; *entra acuchillando a todos* MS.

1193 las nuevas] la nueua VT, MS.

1196 de Roma a Irlanda] de yrlanda a rroma MS.

1214 que este] queste MS.

1222 el] y MS.

1232 *Salen ... Ludovico*] *Salen el Capitan, y Soldados, que traen preso à Lu-*

douico, y el Rey se enfurece VT; *todos con Ludouico* MS.

1243 porque es] porques MS.

1247 Ya vano] y mi mano MS.

1248 mi favor] ya cl furor MS.

1252 *y ... Ludovico*] *not in* MS.

1252 *queda*] *queda solo* VT.

1260 guadaña] grandeza QCL, VSL, VS, VT.

1263 fénix] fenis MS.

1264 pues naciendo] pues nacer QCL, VSL, VS; por nacer VT.

1266 vista] vida QCL, VSL, VS, VT.

1275 no] nos QCL, VT.

1276 a aquestos] Aquestos QCL; de a-questos VT; a estos MS.

1276 Pues] y pues MS.

1277 le] les QCL.

1278 este puñal] aquesta daga MS.

1286 entre ... acciones] vna accion en-tre Gentiles VT.

1287 impropias] impropia QCL, VSL, VT.

1293 sólo] solos QCL, VSL, VS, VT.

1296 predique] pedrique QCL, VSL.

1297 el] al QCL, VSL, VT.

1299 ignora] y ynora MS.

1300 que es] ques MS.

1304-29 *These lines are boxed in for deletion in MS. The word* 'No' *is written three times in the left margin.*

1304 Baste] basta MS.

1305 arrepiento] arrepienta MS.

1305 agora] aora VS.

1307 intentar] ynventar MS.

1309 fuese] fuera MS.

1310 escaparse] escarparse VS; escapar-la MS.

1310 asombro] abismo MS.

1314] estas] esas MS.

1316 satisfaciera] satisfiziera VT.

1319 antes] para QCL, VSL, VS. VT.

1321 sombras] combas MS.

1322 fingiendo] finguiendo VS.

1323 azota] acoja QCL, VSL; arroja VS; acosa VT.

1328 a ... llegue] llegue a la tierra MS.

1335 agora] aora QCL, VSL, VS, VT.

1338 *Ap.*] *not in* QCL, VSL, VS, MS.

1338 Yo] ya MS.

1341 heroicas] gora QCL; agora VSL, VT; aora VS.

1346 que están] questan MS.

1369 hüidos] huyendo VT.

1369 agora] aora VS.

1377-78 *The word* 'aqui' *is written be-tween these two lines in the left margin of MS.*

1385 moja] mojan MS.

1386 ha] se a MS.

1392 donde] adonde VT.

1394 saliese] y saliesse QCL, VSL, VS.

1395 de la] desta VT.

1407 éste ejecutado] esta executada QCL, VSL, VS, VT.

1412 o] a QCL, VSL.

1416 viviera] vivieras VS.

1425 *y Filipo*] *Filipo* VT.

1425 *y Leogario*] *not in* MS.

1426 Qué es] ques MS.

1431 libertad] libersad VS.

1431 ignoras] ynoras MS.

1434 seguillos] seguirlos VT, MS.

1434 Hoy] y MS.

1436 Dadme] Dame QCL, VSL, VS.

1437 seguirlos] seguiros VS.

1443 vengadoras] vengadores VS.

1445 *Vanse*] *Vase* QCL, VSL, VS, MS.

1446 *herida*] *not in* MS.

1446 *una daga*] *la daga desnuda en la mano* VT.

1461 hallarme] prenderme MS.

1465 enemigo] enimo VSL.

1468 sido] sibo VS.

1470 inhumano] y ynumano MS.

1473 guardada] guarda VS.

1484 así] ansi MS.

1484 has] ha QCL, VSL, VS.

1492 *Cae dentro*] *Dala de puñaladas, y cae dentro* VT; *not in* MS.

1501 que] *not in* MS.

1503 la] mi MS.

1507 propias] proprias VT.

1509 y] o MS.

1511 *y responden*] *not in* MS.

1511 *Locía y Paulín*] *Paulin y Llocia* VT; *Paulin y luçia* MS. MS *spells Luçia to the end of this cuadro.*

1516 estoy] esto MS.

1522 puerta.] puerta. *Derribala.* VT.

1523 Ah] *not in* VT.

1524 derribado] derribado ya MS.

1528 *desnudos*] *desnudos los dos* VT; *not in* MS.

1533 al puerto] asta el monte MS.

1533 yo] *not in* MS.

1535 esta] el la QCL, VSL, VS; essa VT.

1536 esotra] estotra MS.

1539 cuando] que quando QCL, VSL, VS.

1539 allí es] esta en MS.

1541-42 Y no prevengas / disculpa] *not in* QCL, VSL, VS, VT.

1543 has] e MS.

1545 lucero] lloçero MS.

1546 mostráis] mostras MS.

1547 Ya] *not in* MS.

1550 y] ni VT.

1550 respuestas] respustas VS.

1553 a] a mi VSL.

1554 *Ap.*] *not in* MS.

1554 Este] A este QCL, VSL, VS, VT, MS.

1558 Que … vos] à vos, que os recojais VT.

1559 *Vanse*] *Vanse los dos por vn lado, ella por otro, y por otra puerta* VT.

1559 *el Rey*] *not in* MS.

1559 *y Lesbia y*] *Lesbia*, VT, MS.

1569 el cielo] los Cielos VT.

1578 que el] quel MS.

1581 esas] estas MS.

1595 sembrados] sembradas QCL, VSL.

1599 sierra] selba MS.

1602 *Está … muerta*] *Descubrese Polonia difunta sobre vna peña* VT; *not in* MS.

1607 incierta] yerta VT.

1614 tantos … desdichas] *not in* MS.

1628 días y noches] noches, y dias VT.

1632 infelice] infeliz QCL, VSL, VS.

1634 cielo] cielos MS.

1638 Sabed] Saber QCL.

1639 así] ansi MS.

1640 así] ansi MS.

1642 *Leogario*] *In* MS, 'Leo' *altered to* 'Capi'.

1642 Aquéste es, señor] este, señor, es VT, MS.

1662 doctrina] dotrina MS.

1666 que … dé] que nos dè vida, despues VT.

1669 de un] del MS.

1674 que es] ques MS.

1677 superior] celestial MS.

1678 que es] ques MS.

1686 de esa] desa MS.

1686 *Ap.*] *not in* QCL, VSL, VS, VT, MS.

1687 vos] *deleted in* MS.

1690 respondes] respodes VS.

1697 dotrina] doctrina VT.

1699 revelan] releuan VSL, VS.

1705 potencia] ynclemencia MS.

1721 perfeta] perfecta VT.

1724 escurece] obscurece VT.

1733 y] *not in* MS.

1736 y ... Dios] Cristo es el dios MS.

1740 grande] gran VT.

1750 rendirme] *In* MS 'rrinderme' *replaces deleted* 'perderme'.

1752 así] ansi MS.

1760 aquella] aquel MS.

1761 no] *not in* VS.

1763 imperfetas] imperfectas VS, VT.

1764 imperfetamente] imperfectamente VT.

1768 así] ansi MS.

1768 instante] istãte QCL.

1775 estar] estara MS.

1775 aquel] aquella VT.

1779 del] de el MS.

1784 que estuvo] questubo MS.

1789 sean] sea MS.

1791 mesma] misma VSL.

1792 aquel] aquella VT.

1804 a] I QCL, VSL.

1815 omnipotencia] onipotençia MS.

1817 su] en su MS.

1818 esta] essa VT.

1822 aquel] aquella VT.

1825 Teología] Teo ogio VS.

1832 que es] ques MS.

1839 allí se] alli, y se VT, MS.

1842 Rey] *Eger.* QCL, VSL, VS, VT, MS.

1842 Esto] esso VT; eso MS.

1845 de esa] desa MS.

1851 le] lo MS.

1854 entes] antes QCL, VSL.

1855 sólo] sola VT, MS.

1855 un] una VT, MS.

1866 conozcamos] conazcamos VSL.

1870 *Vanse todos*] *Vanse* VS; *Vanse todos, y queda solo Patricio* VT.

1873 ignorancia] ynorancia MS.

1884 a tormentos] tormentos VT.

1887 *Baja ... Malo*] *Baxa vn Angel bueno por vn lado, y por otro vn Angel malo* VT; *baja el angel* MS

1887-98 *These lines are not in* MS.

1893 prevenir] preuertir VT.

1904 que es] ques MS.

1904 horizonte] Oriente QCL, VSL, VS.

1917 dase] dales MS.

1918 'q aquel' *is written in* MS *above some thoroughly deleted words.*

1920 misterios] meritos QCL, VSL, VS, VT.

1928 empíreo] Imperio QCL, VSL, VS; ynpireo MS.

1929 subiendo] sabiendo MS.

1934 llamen] llaman VS, MS.

1935-42] *These lines are not in* MS.

1936 un] en QCL, VSL, VS.

1941 se] le VT.

1943 *Cúbrese la apariencia*] *base* MS.

1947 Rey] *Eger.* QCL, VSL, VS, VT.

1951 imágenes] imagines QCL, VSL, VS.

1957 quien] que QCL, VSL, VS, VT.

1958 descifrar] disfraçar QCL, VSL, VS, VT.

1970 en] de MS.

1976 ahí] aqui MS.

1979 ninguna] alguna VT.

1982 la] essa VT.

1986 noturnas] nocturnas VT.

1987 penetralle] penetrarle VT, MS.

1989 tesoro] vn tesoro VT; el tesoro MS.

1995 tiren] jiren MS.

2002 que está] questa MS.

2004 deste] de ese MS.

2007 oscuro] obscuro VSL, VS, VT.

2008 segura] seguro VSL, VS.

2016 que admirado] y admirado MS.

2019 ves] beis MS.

2030 greña] *In* MS 'greña' *replaces deleted* 'peña'.

2032 lejos] cejos QCL, VSL, VS.

2035 entrar] a entrar MS.

2039 horror] error MS.

2053 y] *not in* VS.

2056 novedad] y nouedad VT.

2061 cuánto] *In* MS, 'quando' *altered to* 'quanto'.

2062 misterio] *In* MS 'misterio' *replaced deleted* 'peligro'.

2063 confesado] confesando MS.

2064 el] al VT.

2068 tan poco] tampoco QCL.

2069 muero] muebo MS.

2072 Rey] *Eger.* QCL, MS.

2080 deslustre] dislustre QCL, VSL.

2083 *se ha descubierto*] *se descubre* MS.

2083 *una boca*] *la boca* VT.

2083 *está*] estarà VS.

2084 el] del QCL, VSL.

2087 *Vase*] *not in* MS.

2089 *Vase*] *not in* MS.

2090 *Vase*] *not in* MS.

TERCERA JORNADA

[Heading] TERCERA JORNADA] IORNADA TERCERA VT.

[Heading] Del ... Patricio] *not in* VS, VT; *de san Patricio* MS.

2091 *Salen ... Ludovico*] *Salen Iuan Paulin de Soldado ridiculo, y Ludouico muy pensatiuo* VT; *Salen Luduvico y Juan paulin vestido diferentemente de capa y espada* MS.

2091 había] abra MS.

2101 venir] *In* MS, 'venir', *added in by a different hand, replaces deleted* 'morir'.

2104 venirme] el venirme VT.

2104-5 *In* MS *the line* 'y como a escoxer me diste' *appears deleted between these two lines.*

2108 Ingalaterra] Inglaterra VSL.

2109 efeto] efecto VT, MS.

2121 en] *not in* VS, MS.

2135 Ya] yo MS.

2143-47 *In* MS *these lines appear in the margin.*

2148 lo dice así] *In* MS 'lo dize asi' *replaces deleted* 'me lo conto'.

2149 *Ap.*] *not in* MS.

2156 oíllo] oirlo VT.

2164 nadie] naide VSL.

2169 duda] lengua MS.

2179 llegar] el llegar MS.

2187 que es] ques MS.

2189 así] ansi MS.

2195 desta] de la QCL, VSL, VS, VT.

2210 el] *not in* QCL, VSL, VS.

2214 pues] porque MS.

2224-25 con ... / ... fundo] y en justa rraçon me fundo / que son cosas de otro mundo MS.

2225 me] lo VT.

2226 Mandadme] mandame VS, VT, MS.

2228 esta] sta QCL.

2230 que es] ques MS.

2244 *Sale ... embozado*] *Sale enboçado vn ombre de muerte* MS.

2256 topo] noto VT.

2259 ausentásteis] *In* MS, 'ausentastis' *replaces deleted* 'rretirais'.

2262 y ... solo] y me importa quedar solo VT; y ynportame quedar solo MS.

2263 matandoos] matandos MS.

2268 *Saca ... viento*] *not in* MS.

2268 *el viento*] *al viento* VT. *This stage direction is inserted before l. 2265 in VT.*

2273 lugar] lugor VSL.

2279 *Vase ... acuchillándole*] *banse a-cuchillando* MS.

2279 y] *sin tocarle, y* VT.

2291 ciudadana] çiudadaña MS.

2293 vive] bibe y MS.

2299 qué es] ques MS.

2301 *Ap.*] *not in* QCL, VSL, VS, VT, MS.

2303 fantasmita] pantasmista QCL, VSL, VS.

2304 *Ap.*] *not in* QCL, VSL, VS, VT, MS.

2304 este] esse VT.

2312 *Ap.*] *not in* MS.

2314 mucho] vn mucho VT.

2317 que ... acostar] que entre a acostarse VT; que se entre acostar MS.

2319 *Ap.*] *not in* QCL, VSL, VS, VT, MS.

2324 propios] proprios VT.

2326 *Saca la espada*] *Saca Paulin la espada* VT; *not in* MS.

2331 el] *not in* QCL, VSL, VS, MS.

2335 a acostar] acostar MS.

2339 *sale ... embozado*] *Salen el Embozado, y Ludouico Enio* VT; *Salen ludouico y el enbocado* MS.

2346 o] v MS.

2349 y ... muerte] *la capa, y halla debaxo vn esqueleto* VT; *y esta debajo de muerte* MS.

2356 propio] proprio VT.

2359 *In* MS *the words* 'balgame el çielo que beoygo' *appear deleted in this line.*

2360 Sombras ... toco] *deleted in* MS.

2361 *Cae*] *cai* MS.

2364 ¡Señor!] A señor MS.

2364 A] *not in* MS.

2364 monstruo] monstro MS.

2366 *Ap.*] *not in* QCL, VSL, VS, VT, MS.

2367 monstruo] monstro MS.

2371 ignoro] ynoro MS.

2371 eres] *In* MS, 'es' *was changed to* 'eres'.

2372 ignoro] ynoro MS.

2380 y el] el MS.

2386 propio] proprio VT.

2387 de esotro] desotro MS.

2388 que él] quel MS.

2390 pavoroso] temeroso MS.

2391 el] al VT.

2396 Atlantes] adlantes MS.

2410 fui yo] soi MS.

2416 todos] *In* MS, 'todos', *added in by a different hand, replaces deleted* 'propios'.

2425 Yo] ya MS.

2430 propios] proprios VT.

2436 *Dentro música*] *Cantan* MS.

2441 auxilios] avsilios MS.

2446 devoto] devo VS.

2458 dan] den QCL, VSL, VT.

2483 monstruo] monstro MS.

2484 monstruo] monstro MS.

2486 me] no QCL, VSL.

2487-88 Patricio / me ayuda] me ayuda / patriçio MS.

2504 octava] otaua MS.

2506 excede] eçede MS.

2512 borrando] brotando VS.

2523 le] me MS.

2524 —yo lo sé—] breue vna VT.

2525 *Sale Ludovico*] *Salen Ludovico, y Paulin* QCL, VSL, VS, VT.

2525 *Ap.*] *not in* QCL, VSL, VS, VT, MS.

2525 Yo] ya MS.

2530 purgatorio] el Purgatorio VT.

2532 que este] queste MS.

2533 vives] huyes QCL, VSL, VS.

2534 vecina] y vezina VT.

2543 *Ap.*] *not in* QCL, VSL, VS, MS.

2544 *Ap.*] *not in* QCL, VSL, VS, MS.

2545 qué es] ques MS.

2546 *Ap.*] *not in* QCL, VSL, VS, VT, MS.

2547 *Ap.*] *not in* QCL, VSL, VS, VT, MS.

2548 *Ap. ... Ap.*] *not in* QCL, VSL, VS, VT, MS.

2549 *Ap.*] *not in* QCL, VSL, VS, VT, MS.

2552 *Ap.*] *not in* QCL, VSL, VS, VT, MS.

2555-66 *These lines are not in* MS.

2557 escuro] obscuro VT.

2561 *Ap.*] *not in* QCL, VSL, MS.

2563 *Ap.*] *not in* QCL, VSL, MS.

2563 dudas] dichas QCL, VSL, VS, VT; *not in* MS.

2565 *Ap.*] *not in* QCL, VSL, VT, MS.

2566 *Ap.*] *not in* QCL, VSL, VS, VT, MS.

2574 le] la MS.

2578 ceremonias y muchas] de ceremonias, y otras VT.

2581 *Ap.*] *not in* QCL, VSL, VS, MS.

2583 *Ap.*] *not in* QCL, VSL, VS, VT, MS.

2589 *Ap.*] *not in* QCL, VSL, VS, VT, MS.

2591 Pues] Pero VT.

2607 de ese] dese MS.

2615 *Ludovico*] *Dent. Ludou.* VT.

2623 y que] y QCL, VSL, VS.

2629 vive] biuo VT, MS.

2632 le] la QCL, VSL, VS, VT.

2636 Esta] essa VS, VT, MS.

2639 *y Salen ... Reglares*] *not in* MS.

2639 *Canónigo 1º*] *1º billano* MS.

2645 atreven] atrouen VT; atreuan MS.

2646 obscura] oscura MS.

2649 sus sepulcros] su sepulcro VT, MS.

2651 que es] ques MS.

2652 Aquí] a quien QCL, VSL, VS.

2654 plebeya] *altered to* 'la plebe' *in* MS.

2656 disformes] *altered to* 'distantes' *in* MS.

2657 hace] hazen QCL, VSL, VS, MS.

2671-72 Mostrando ... / ... estoy] *not in* QCL, VSL, VS, VT.

2672 *In* MS, *opposite this line the following stage-direction*: 'Salen dos bestidos de canonigos reglares barbas largas'.

2675-76 a ... / ... doy] *not in* QCL, VSL, VS, VT.

2678 será] seràs QCL.

2680 al] el MS.

2681 que este] queste MS.

2685 oyendo] huyendo QCL, VSL, VS, VT.

2690 ese] este QCL, VSL, VS.

2692 y] *not in* MS.

2705 el] y MS.

2708 dio.] diò. *Daselas* VT.

2709 *Can. 1ª*] *not in* QCL

2710 gran] grande VSL.

2711 que estas] questas MS.

2720 Auxilio] ausilio MS.

2721 trujo] traxo VS, VT.

2725 pervirtáis] permitais QCL, VSL; divirtais VS.

2726 que es] ques MS.

2735 sufrirlos.] sufrirlos? QCL, VSL.

2742 excedió] eçedio MS.

2750 abra] te abra VT.

2752 *Abren ... cueva*] *descubrese el purgatorio* MS.

2770 que está] questa MS.

2781 *Aquí ... bastidor*] *entra en la queva que sera lo mas orrible que pueda* MS.

2781 *como ... cierren*] *lo mas horrible que se pueda fingir, y cierran la puerta* VT.

2786 *Vanse*] *not in* QCL, VSL, VS, MS.

2787 *Capitán*] *el Capitan* VT.

2788 valor] razon QCL, VSL, VS, VT.

2789 a] *In* MS, 'a' *is deleted and replaced by* 'te'.

2790 trujimos] traximos VS, VT.

2806 le] la VT.

2814 fénix] fenis MS.

2826 truje] traxe VS, VT.

2830 truje] traxe VS, VT.

2834 escuchamos] *In* MS, 'escuchamos' *replaces deleted* 'miramos'.

2849 *Salen*] *Salen en habito de Canonigos* VT.

2852 este] ese MS.

2859 tantos siglos] tanto tienpo MS.

2864 piedades] piadades VSL.

2869 dejadme] dexame QCL, VSL, VS.

2870 me esconda] mesconda MS.

2870 el] al VS.

2871 retirarme] escaparme MS.

2882 solenes] solemnes VT.

2886 y ... valiente] viua, y valor fuerte VT.

2892 que en] quien MS.

2894 cierren] abriesen MS.

2896 Cerráronla] abrieronla MS.

2897 obscura] oscura MS.

2901 obscuridades] oscuridades MS.

2904 que estaba] questaua MS.

2923 y] *not in* MS.

2927-28 me ... / ... allí] cay mas de treynta picas / de alto y pensando que MS.

2928 fuesen] fuesse QCL, VSL, VS, VT.

2929 sepultura] sepoltura MS.

2930 vienen] viene QCL, VSL, VS, VT.

2931 En ... hallé] me alle en vna sala ermosa MS.

2938 conformemente] vniformemente VT.

2940 me] y MS.

2941 entre ellos] entrellos MS.

2950 entre ... crüeles] donde por vn tienpo bienes MS.

2954 desperté] dispertè VT.

2955-56 toda / ... ofrece] todas / las salas llenas se ofreçen MS.

2959 las ... horribles] la forma mas orrible MS.

2960 feas] fea MS.

2966 las penas] la pena MS.

2968 *In* MS, *the words* 'que allar clemençia no puedes' *appear deleted above this line.*

2968 que es] ques MS.

2993 frutos de espinas] fruto despinas MS.

2999 en profundas] *In* MS, 'biento que co' *appear deleted between these two words.*

3009 prado] canpo MS.

3010 llamas] fuego MS.

3017 recostadas] recostados QCL, VSL, VS.

3018 A] al QCL, VSL, VS.

3018 trascienden] transcienden VT.

3033 allí] *In* MS, 'aqui', *added in by a different hand, replaces deleted* 'alli'.

3033-34 *In* MS, *the scribe recopied and then deleted lines 3016-17 between these two lines.*

3037 echados] echado QCL, VSL, VS, VT; echando MS.

3038 eran ... fuertes] era cauterio mas fuerte VT.

3043-68 *These lines are not in* MS.

3044 puerta y paredes] puertas y redes QCL, VSL, VS; *not in* MS.

3066 trasparente] transparente VT.

3076 que espira] quespira MS.

3077 contra los cielos] mas contra el cielo MS.

3081 de] en VT, MS.

3083 repitiendo] repetiendo VS.

3088 punta] puerta QCL, VSL, VS, VT.

3097 estaban] que estavan QCL, VSL, VS.

3105 lloraban] llorando VT.

3107 que este] queste MS.

3115 así] ansi MS.

3122 es su corriente] en sus corrientes MS.

3123 monstruos] monstros MS.

3128 ella] esta MS.

3130 quebrarla] quebrarse MS.

3131 pasarla] pisarla MS.

3132 ese] este MS.

3137 quisieron] querian MS.

3143 de esotra] de la otra VT; *In* MS, 'desotra' *altered to* 'de la otra'.

3148 y] *not in* MS.

3149 pude] pudo MS.

3153 árboles] y arboles MS.

3154 siéndolo allí] siendo alli muy VS.

3154 propiamente] propriamente VT.

3156 jazmines y] rosas y de QCL, VSL, VS, VT.

3162 repetidas] cristalinas VT.

3166 chapiteles] capiteles MS.

3170 claveques] claveles QCL, VSL, VS.

3172 viene] vienen QCL, VSL, VS.

3179 süaves instrumentos] instrumentos suaues VT.

3181 Después] y al fin MS.

3187 mostraron] mostrando QCL, VSL, VS, VT.

3192 excelente] eminente MS.

3193 mandaba] miraua MS.

3195 propios] proprios VT.

3199 puerta ... llegásteis] puertas ... llegastes MS.

3205 acabe con esto] con esto acabe VT.

3207 Dionisio ... cartujano] Dionisio el gran Cartusiano VT; San dionisio cartuxano MS.

3208 Salteriense] Saltarense QCL, VSL, VS, VT.

3209 Mateo, Jacobo, Ranulfo] Cesario, Mateo, Rodulfo QCL, VSL, VS, VT, MS.

3210-15 *These lines are not in* MS.

3210 y Cesario] Domiciano QCL, VSL, VS, VT; *not in* MS.

3211 Mombrisio] Membrosio QCL, VSL, VS, VT; *not in* MS.

3212 el] y el QCL, VSL, VS, VT; *not in* MS.

3214 Serpi] Serpo VS.

3216 Mesingano] Mensigano QCL, VSL, VS, VT; mensingano MS.

NOTES TO THE TEXT

[heading] *Andrés de la Vega*: Among the papers which the late Professor Edward M. Wilson collected on *El purgatorio de San Patricio,* was the following handwritten note: 'Andrés de la Vega. On 23 November 1620 he and his wife undertook to act in Tomás Fernández's company during the following year. On 30 March 1626, in an engagement to produce two *autos* at Corpus Christi, he is referred to as an *autor de comedias.* Similar engagements exist for 1630 in Madrid, and for dances at Corpus in many different places during later years. In 1627 he sold eight *comedias* to a Hernán Sánchez de Vargas. His wife was the actress María de Córdoba, who undertook to act, dance and sing in two out of eight specified *comedias* at Candlemass at Daganzo and at Pisto [sic] at Corpus Christi in 1633. Pérez Pastor's latest document is of 3 October 1643, and Shergold and Varey's Corpus documents continue his career to 1646'. The two sources referred to are Cristóbal Pérez Pastor, *Documentos para la biografía de D. Pedro Calderón de la Barca* (Madrid: Fortanet, 1905) and N. D. Shergold and J. E. Varey, *Los autos sacramentales en Madrid en la época de Calderón: 1637-1681* (Madrid: Ediciones de Historia, Geografía y Arte, 1961). For more performances of plays by Calderón and by other dramatists by Andrés de la Vega's company, see N. D. Shergold, *A History of the Spanish Stage* (Oxford: Clarendon Press, 1967), pp. 224, 275 n. 1, 284, 286, 287, 289, etc. In the *Genealogía, origen y noticia de los comediantes de España,* we learn that he was 'Autor de comedias. Fue vno de los cinco fundadores primeros de la Cofradia de Nuestra Señora de la Novena, por los años de 1631. Fue casado con Maria de Cordoba, *Amarilis* [...] Hallamosle en el cavildo que se tubo en 27 de febrero 1633. En el Libro de la Hazienda de la Cofradia hallamos que remitio diferentes limosnas de su compañia en los años de 1638 y 1640, y en la visita del año de 1655 se haze memoria de otra limosna que envió. Hallamosle tambien en los cavildos que se zelebraron en 9 y 19 de marzo [de 1634]; tambien se halla en el cavildo de 29 de octubre de 1631 y en el de 28 de febrero de 1632 en cuio tiempo era autor; en el de 15 de abril de 1634 y en 25 de abril del mismo año, en el de 4 de abril del mismo año.': MS 12,918 of the Biblioteca Nacional of Madrid, Vol. II, p. 4. See the recent edition of the *Genealogía* by N. D. Shergold and J. E. Varey (London: Tamesis, 1985), p. 44.

[cast] *Irlanda*] *Ingalaterra* QCL; *Inglaterra* VSL, VS; *not in* MS. This is a very curious error in the *princeps*; the only other mention of England occurs in l. 480 of this edition.

ACT ONE

8 Cf. Ceusis, also a pagan, in *Las cadenas del demonio*: '¡Ay de mí!, rabiando muero' (Calderón, *Obras completas* [Madrid: Aguilar, 1969], II, p. 649a).

11-15 The subject of *empaña* (l. 15) is *fiera* (l. 13), and not *esfera* (l. 14). The *fiera de siete cuellos* (l. 13-14) is probably a reference to the Hydra, the many-headed monster living by Lake Lerna in the Peloponnese which Hercules had to destroy in his second labour. The Hydra, however, was supposed to have not seven but one hundred heads: Ovid, *Metamorphoses*, trans. M. M. Innes (Harmondsworth: Penguin, 1977), p. 205. The *sedientas furias del infierno* (l. 12) could be an allusion to the torments Hercules suffered when he donned a shirt which had been dipped by the centaur Nessus in his own blood, tainted with the poison of the Lernaean hydra. According to Ovid, Hercules's blood, 'saturated by the burning poison, hissed and boiled, like white hot iron plunged into icy water' (*Metamorphoses*, p. 208). Calderón may have intended a comparison between the torments of Hercules and those of Hell which await King Egerio. On the other hand, he may be alluding to Typhon, a hundred-headed monster, the son of Tartarus and Ge, and the alleged father of the Hydra. He was buried by Jupiter under mount Etna, whose frequent eruptions were traditionally associated with Typhon's struggles to free himself: Betty Radice, *Who's Who in the Ancient World* (Harmonsworth: Penguin, 1978). (See also l. 72 of the present edition.) The fourth sphere in the Ptolemaic universe was the sun: Otis H. Green, *Spain and the Western Tradition* (University of Wisconsin Press, 1964), II, pp. 38-39. In this play, the sun stands as a symbol of royalty. Egerio's torments at this point are therefore a foreshadowing of the torments he will suffer when he is consigned to Hell at the end of Act II; then, the royal sun will indeed be tarnished and blotted out (*empañar*) by the fires of Hell.

19-20 The state of sleep is often used by Calderón as a symbol of death:

> Apenas sepulcro dije,
> cuando mis sentidos graba
> profundo sueño, bien como
> dando a entender, que si tarda
> la muerte, no tarda el sueño,
> que de su parte nos habla
> cada día. (*El santo rey don Fernando,*
> *segunda parte, O.C.*, III, p. 1301a)

24-32 These lines are based on Montalbán's *Vida y purgatorio de San Patricio*: ' estando [Patricio's master] una noche en la cama, vio entre las escuras imágenes del sueño a su esclavo Patricio, festivo y lleno de luz, de cuya boca salía una hermosa y resplandeciente llama, que tocando en dos hijas, que tenía junto a sí, las abrasava y bolvía ceniza, dexándole a él solamente libre de aquel dulce y amoroso fuego' (p. 104). (This and subsequent references are to the edition prepared by M. G. Profeti [Università di Pisa, 1972]). The following is Jocelin's version of the King's dream: 'And Milcho beheld a vision in the night: and behold Patrick entered his palace as all on fire, and the flames, issuing from his mouth, and from his nose, and from his eyes, and from his ears, seemed to burn him; but Milcho repelled from himself the flaming hair of the boy, nor did it prevail to touch him any nearer; but the flame, being spread, turned aside to the right, and catching on his two little daughters, who were lying on one bed, burned them even to ashes; then the Southwind blowing strongly dispersed their ashes over many parts of Ireland': *The Life and Acts of Saint Patrick*, translated from the original Latin of Jocelin, the Cistercian Monk of Furnes with the Elucidations of David Rothe by Edmund L. Swift (Dublin: Hibernia Press, 1809).

44 The Chimaera was a fabulous fire-breathing monster, hence its connection with Egerio's dream. It was born of Typhon and Echnida, and, according to Covarrubias, 'echa llamas de fuego por la boca y tiene cabeça y cuello de león, el vientre de cabra y la cola de dragón': *Tesoro de la lengua castellana o española*, ed. Martín de Riquer (Barcelona: Alta Fulla, 1987). According to Cirlot, it is a 'symbol of complex evil': J. E. Cirlot, *A Dictionary of Symbols*, trans. by Jack Sage (London: Routledge & Kegan Paul, 1962), *sub voce*.

58 *Palas*: a title of the goddess Athena. Like Mars (l. 51), Athena was a goddess of war. Since she was also a virgin goddess, and Polonia will die a virgin, the comparison is doubly apt. The *veloces alas* (l. 57) is probably a reference to the wings of fame, although the phrase could equally well be applied to Athena who was sometimes represented in the form of an owl.

61-64 The sentence is slightly obscure, but its meaning seems to be that, according to Leogario, the mountain holds the already imprisoned sea in a gaol of sand. The mountain is therefore seen as keeping the threatening sea within bounds. MacCarthy translated this passage as follows:

> Descend, my lord, with me
> Down where the foam-curled head of the blue sea
> Bows at the base of this majestic hill,
> Whose sands, like chains of gold, restrain its wilder will.
> (Denis Florence MacCarthy, *Calderón's Dramas*
> [London: Kegan Paul, Trench, 1887], p. 243).

68 This line is reminiscent of Góngora's 'en carro de cristal, campos de plata' in his 'Fábula de Polifemo y Galatea', l. 120: *Poems of Góngora*, ed. R. O. Jones (Cambridge U.P., 1966), p. 75.

72   As D. W. Cruickshank points out in his critical edition of *En esta vida todo es verdad y todo mentira* (London: Tamesis, 1971), p. 206, n. 1, 77-78, Calderón seemed to be under the impression that there were two mountains, *Etna* and *volcán*.

73-77   This sequence of heptasyllabic and hendecasyllabic rhyming couplets is broken four times: ll. 73-77 rhyme A-A-b-A-B; ll. 84-87, a-b-b-A; ll. 88-91, A-b-B-A; and ll. 124-27, A-b-a-b. Calderón usually rhymes his *silvas* as couplets, but sometimes changes the pattern: see D. W. Cruickshank's edition of *En la vida*, Act II, ll. 1-5, 152-56, 183-87, and 190-94.

83   Cf. Góngora's 'Soledad Primera': 'montes de agua y piélagos de montes' (l. 44, *Poems*, p. 41)

93   *Babilonia*= 'Ciudad famosíssima, que tuvo su assiento orillas del río Eufrates, cabeça y metrópoli en aquel tiempo de toda Caldea y de gran parte de Mesopotamia y Assyria, edificada por Nembrod [see l. 125], según los hebreos [...]. Al lugar de gran población y de mucho trato, adonde concurren diversas naciones, dezimos, por encarecer el tráfago grande que ay y la confusión, que es una Babilonia, especialmente si con esto concurren vicios y pecados que no se castigan' (Covarrubias, *Tesoro*). Babylon is synonymous with confusion because of its association with the tower of Babel (see *Genesis* 11.1-9 and Calderón's *La torre de Babilonia, auto*). Calderón uses the word in this sense in ll. 2618-19; in l. 1395, it is accompanied by the adjective *infeliz* to refer to pagan Ireland. In l. 93, however, it refers to the inconstant sea, a rather unusual application.

103   The god of the winds is Aeolus. In the *Odyssey* he gives Odysseus the contrary winds tied up in a bag, but when his sailors let them out the ship is blown off course.

116-19   Polonia says that, through her weeping and sighing, she unttiwingly aided the sea and the wind to sink Filipo's ship. In his first version of his English translation of the play, MacCarthy wrote:

> Then I added more and more,
> To the waves and tempest's roar,
> By the gushing tears and sighs
> Bursting from my lips and eyes!
> (*Dramas of Calderón* [London:
> Charles Dolman, 1853], II, pp. 154-55)

In his second, more literal translation, McCarthy did not quite get the sense of this passage: see his *Calderón's Dramas*, p. 245.

125   *Nembrot*: the Biblical Nimrod, the son of Cush, described as 'a mighty one in the earth'. He was a hunter and a builder of cities, among them Niniveh.

In *La torre de Babilonia*, Calderón's presents him as the first king in the history of the world and as a symbol of pride. Egerio's words recall Nembrot's after building the tower:

> Que deseo ya tocar
> del gran Dios de Sabaoth
> el Alcázar singular,
> subiéndole a visitar
> por la torre de Nembrot. (*O. C.*, III, p. 885b)

The words 'en cuyos hombros / pueda escaparse el mundo' (ll. 125-26) refer to Nembrot's intention to build the tower of Babel in order to save the world from destruction by a second Flood. In Calderón's *auto*, he calls his tower 'una Arca de piedra' (*O. C.*, III, p. 882b).

140 pues] pues solo QCL, VSL, VS, VT, MS. This line does not scan as a hendecasyllable in any of the early editions. The error was detected and corrected in this way by Valbuena Briones in his edition of Calderón's *Primera parte* (Madrid: CSIC, 1974).

143 *Polonia*] *Rey* QCL, VSL, VS, VT. Antitheses of this sort are very common in the drama of Calderón. Cf. Licanoro and Ceusis in *Las cadenas del demonio*. Following MS, this line has, therefore, been given to Polonia.

158 vista] vida QCL, VSL, VS, VT. The reading in MS is obviously the correct one and has, therefore, been adopted. Unlike Patricio and Ludovico, Egerio does not relate his life story; he does, however, describe his appearance in ll. 164-67.

160 In Montalbán's *Vida y purgatorio*, the King is called 'Leogario, hijo de Neil' (p. 112).

169 Although Egerio constantly refers to the gods and the heavens, he never once calls a pagan god by name. This, however, does not apply to his daughters: Polonia, for example, refers to Mars (l. 51) and Neptune (l. 85).

174-89 These lines are an adaptation of the following passage from Montalbán's *Vida y purgatorio*: 'Yaze entre el septentrión y el occidente la isla de Hibernia, que oy se dize vulgarmente Irlanda, y un tiempo se llamó de santos (tantos eran los que la habitaban, dispuestos siempre a derramar su sangre en la palestra del martirio, que es la última fineza de los fieles, siendo tan preciosa la vida, fiarla por su religión a las sacrílegas manos de un tirano, que se sabe que vive de ver morir a otros), en cuya juridición hay un pueblo de pocos moradores, llamado Emptor, a quien el mar, sirviéndole de cinta de nieve, no sólo le ciñe, pero aun parece que le ata' (p. 101).

175 There seems to be a contradiction here. Patricio claims that he was born in Ireland, the 'isla de santos' of l. 184; yet Egerio is king of Ireland and all his

subjects are pagan. Further, at the end of this act Patricio is entrusted with the conversion of the Irish people (ll. 1068-70). The explanation is either that Calderón imagined that there were two Irelands—a Christian one where Patricio was born and a pagan one ruled by Egerio—or that for him historical time co-existed in human memory, being therefore liable to re-arrange itself in different ways at different times. See also ll. 416-17 where Ludovico refers to the 'muchas islas de Irlanda'.

176 Emptor] es Tox QCL, VSL, VS, VT; entox MS. Emptor is the spelling adopted by Montalbán in his *Vida y purgatorio de San Patricio*, p. 101. The name is a corruption of Nemthur or Nemthor, the supposed birthplace of St Patrick. See R. P. C. Hanson, *Saint Patrick: his Origins and Career* (Oxford: Clarendon Press, 1968), p. 114 and MacCarthy's *Calderón's Dramas*, 349-50.

191 In Montalbán's *Vida y purgatorio*, St Patrick's mother, Conquesa, is also 'una donzella de nación francesa' (p. 101).

202-13 Cf. Montalbán's *Vida y purgatorio*: 'Y como sabían [his parents] que el fin del matrimonio es solamente la sucessión, en viéndose con Patricio y tres hermosas hijas que le sucedieron, se determinaron, haziendo voto de castidad, a vivir una vida de ángeles, y para esto se retiró Conquesa a un convento de ma-tronas santas, y su esposo se hizo sacerdote, con que asseguraron su dichoso tránsito, acabando entrambos con embidia y lágrimas de todos' (p. 102).

216 *divina matrona*: according to Montalbán, she was St Patrick's aunt (*Vida y purgatorio*, p. 102).

220-21 *ilustró* = iluminó. The *doce signos* refer to the twelve signs of the Zodiac, and the *esfera* to the transparent sphere to which the sun was attached, allowing it to revolve around the earth. In the Ptolemaic system there were seven planets: the Sun, the Moon, Mercury, Venus, Mars, Jupiter and Saturn. The movements of the seven planets 'were confined to a narrow lane, or belt, which was looped around the firmament at an angle of about twenty-three degrees to the equator. This belt—the Zodiac—was divided into twelve sections, and each section was named after a constellation of fixed stars in the neighbourhood': Arthur Koestler, *The Sleepwalkers* (Harmondsworth: Penguin, 1975), p. 21.

232-41 Cf. Montalbán's *Vida y purgatorio*: 'Porque siendo Gormas, un vezino de su pueblo, ciego de nacimiento, oyó una voz en el aire que le dixo que si fuesse a Patricio, un niño recién bautizado, y con su mano derecha se hiziesse la señal de la cruz tres vezes en los ojos, tendría vista' (102-03).

234 Gormas] Germas QCL, VSL, VS, VT. The spelling in MS is adopted because it coincides with the one used by Montalbán (*Vida y purgatorio*, p. 102). This is also the spelling in *The Life and Acts of Saint Patrick*, 3-4.

242-61 Cf. Montalbán's *Vida y purgatorio*: 'Y conocióse ser cierta esta prevención en otro milagro, si no mayor, más confessado y aplaudido de los que le vieron y no pudieron negarse a su admiración. Fue pues que como un año huviesse caído tanta nieve del cielo, que quando a instancia del sol que la fatigava vino a desenlaçarse, se cubrió de agua toda la tierra, y creció de suerte una laguna que entrando por el pueblo inundó las casas, peligrando la de Patricio aun más que ninguna; pero él, que entonces tendría diez años, con una fe valiente haziendo la señal de la cruz sobre las ondas, a vista de todos hizo retirar el agua hasta la corriente del mar, quedando tan seca la tierra y tan olvidada de la deshecha nieve como si huviera passado por ella un estío' (p. 103).

257-58 *suspensa la lengua*= 'Lengua del agua, vale orilla del mar, por parecer que con sus ondas extremas va lamiendo la ribera' (Covarrubias, *Tesoro*, 760a). See also l. 1015 of this edition. Patricio says that, after making the sign of the cross, the waters stopped rising. MacCarthy's first translation ('with suspended tongue') is meaningless (*Dramas of Calderón*, p. 159); his second ('and in accents, In a tone of grave emotion') is hardly an improvement (*Calderón's Dramas*, p. 250).

276-87 Cf. Montalbán's *Vida y purgatorio*: 'Pues siendo ya de dieziséis años, como estuviesse una mañana a la orilla del mar, rezando el salterio con otros contemporáneos suyos, saltaron en tierra unos piratas, y con mediana diligencia los cautivaron a todos, bolviéndose a embarcar porque algún fracaso no les desbaratasse la presa' (p. 103).

282 *cosarios:* this is the spelling used in every seventeenth-century version of the play. It was also the normal contemporary spelling: see, for example, Quevedo's sonnet 'Si son nuestros cosarios nuestros puertos' (*An Anthology of Quevedo's Poetry*, ed. R. M. Price [Manchester, 1969], 37-38). However, some eighteenth-century editors of the play spelt it *corsarios*: see, for example, the undated *suelta* printed by Francisco Suriá y Burgada in Barcelona (copy in London, British Library: 11728.b.56). Covarrubias also spells it *cosarios* and defines it as 'El que anda a robar por la mar'.

316 *fanal* = 'lantern, beacon'. The word is ambiguous: it could refer to the lantern on top of the ship's main mast, as MacCarthy thinks (*Dramas of Calderón*, p. 160); or, more likely, it could be an allusion to the sun, the symbol of royal power, whose light the waves of the sea are attempting to put out. In his second translation, MacCarthy changed the line to: 'The poop-lantern of our ship' (*Calderón's Dramas*, p. 251).

337 *logro:* this word is used in its commercial acceptation of 'profit, usury, high rate of interest'. Patricio is prophesying that Ludovico will be an important instrument for the conversion of the Irish people.

358 The image of the moth attracted and burnt by a flame is a commonplace of Golden-Age Poetry. Egerio is alluding to ll. 29-32.

360-67 In Montalbán's *Vida y purgatorio*, Patricio interprets the dream as follows: 'la llama que [his master] avía visto salir de su boca no podía ser sino la fe de la Santíssima Trinidad, que antes de mucho tenía intento de predicar a él y a sus hijas, y porque en él no avían de hacer impressión sus palabras, la llama no le tocaría, muriendo ciego en su infidelidad. Y porque sus hijas avían de quedar vencidas de la verdad, permitiría Dios que las abrasasse la llama de su fe y amor, logrando el fin para que fueron nacidas y criadas' (p. 104).

376 *Joseph*: the comparison with the biblical Joseph is already in Montalbán's *Vida y purgatorio*, but in a different context: 'Vino a parar Patricio en los últimos fines de Hibernia, y allí vendido, qual otro Joseph, a un príncipe de aquella isla...' (p. 103).

416-17 Montalbán's Ludovico was born 'en la isla de Hibernia' (*Vida y purgatorio*, p. 137)

418-38 *siete planetas*: see note 220-21 above and also Cirlot's *Dictionary*, under 'Planets'. Because of its phases, the moon (l. 422) was a symbol of fecklessness and inconstancy; a person born under the influence of Mercury (l. 424) was blessed with a 'mercurial' temperament which, according to Covarrubias, means that he 'será activo y peligroso en su trato, por su agudeza y astucia' (p. 800b); Venus (l. 426) was identified in the Middle Ages with the sin of 'luxuria'; Mars (l. 428) was, of course, the cruel god of war, 'the perennial incarnation of this necessity for the shedding of blood, apparent in all orders of the cosmos' (Cirlot, *sub voce*); the sun-god (l. 430) was Apollo, and also Mithras, an Indo-Iranian god whose cult came to Rome during the later Republic and who was seen as a saviour offering rebirth into an immortal life, hence its 'condición muy generosa'; Jupiter (l. 434) was identified with Zeus, the Olympian father of the gods: he was known as Jupiter Optimus Maximus; finally, Saturn (l. 436), the Greek Cronos, was one of the Titans of mythology: he castrated his father Uranus in order to gain his throne, married his sister Rhea, and swallowed up all his children with the exception of Jupiter.

421 *infeliz nacimiento*: According to Montalbán, Ludovico was 'de tan mala inclinación en las costumbres que deslucía su claro origen con su civil y bárbara travesura' (*Vida y purgatorio*, p. 137).

440 *por ciertas cosas*: Montalbán likewise does not specify: 'dexó su patria, por aver sucedido a sus padres un fracaso tal que les obligó a salir con toda prissa de Irlanda' (*Vida y purgatorio*, p. 137).

442 Irlanda] Italia QCL, VSL, VS, MS. Ludovico said in l. 417 that he was born in Ireland, and later, in l. 636, he will say that he returned home to Ireland:

this is why the reading in VT has been accepted in preference to the reading in the usually more authoritative QCL and MS.

443 *Perpiñán*: the capital of the Roussillon. As we saw in the Introduction, the character of Ludovico Enio was partly based on Ramón de Perellós, who was appointed Captain General of the Roussillon by King John 1 of Aragón on 26 May 1389. According to Philip O'Sullevan Beare, Perellós is actually buried in the town of Perpignan: see Patrick MacBride, 'Saint Patrick's Purgatory in Spanish Literature', *Studies*, XXV (1936), pp. 281 and 285.

444 Perpignan remained in Spanish hands until September 1642 when it was conquered by the French; it became officially French in 1659 by the Treaty of the Pyrenees: see John Lynch, *Spain Under the Habsburgs* (Oxford: Blackwell, 1969), II, p. 123.

446 *a los diez y seis murió*: in other words, his father died when Ludovico was sixteen years old. Montalbán puts his age at fifteen (*Vida y purgatorio*, p. 137), but with *quince* the line would not scan as an octosyllable.

466-68 MacCarthy translates these lines as follows: 'his honour bathing / In his blood, the bed presenting / A sad theatre of crimes' (*Calderón's Dramas*, p. 256).

478 *las guerras*: Probably a reference to the Hundred Years' War fought between England and France from 1337 to 1453.

482 *Estéfano, rey francés*: no such king has ever existed. It is probably a reference to King Stephen of Blois of England (1105-1154), the son of Count Stephen of Blois and of Adele, daughter of William the Conqueror. Messingham writes that Luis Enius 'had for many years served in King *Stephen*'s army': see MacCarthy, *Calderón's Dramas*, p. 355. In Montalbán's *Vida y purgatorio*, Ludovico enters the service of the French king after the death of Teodosia (p. 142).

501 bueno] bien hecho QCL, VSL, VS, VT. The reading in MS has been accepted because it correctly supplies an antonym of *malas* (l. 502). The line still scans as an octosyllable if *había* is pronounced as a three-syllable word.

504-13 Cf. Montalbán's *Vida y purgatorio*: 'Avía en este convento una monja prima suya, con quien se crió, y assí por su orden estava regalado y servido con estremo' (p. 139).

511 *dama*: Montalbán calls her Teodosia '(assí dissimularemos su nombre)', and makes her a cousin of Ludovico's (*Vida y purgatorio*, p. 140). Teodosia is based on Perellós's niece Aldonsa de Queralt, whose soul he allegedly saw in Purgatory. According to Perellós, Aldonsa had been condemned to Purgatory because of his vanity (MacBride, 'Saint Patrick', p. 288).

511 *deudo*: the word is used here in the sense of 'parentesco', and not, as Miguel de Toro Gisbert thought, in its more usual acceptation of 'relative': 'El

lector ha de adivinar que el deudo que la puso en tal obligación a la monja era el propio Ludovico': see his edition of the play in his *Teatro de Calderón* (Paris: Ollendorff, 1914).

556 *caïstros*: according to Toro y Gisbert, 'el Caístro era un río de Asia Menor, célebre por sus hermosos cisnes' (*Teatro de Calderón*).

556-57 *ondas de zafir*: a reference to the heavens. The equation 'mar = cielo' is an important element in the imagery of this play: see n. 82 of the Introduction ; the association is reinforced here by making the sky have waves like the sea.

562 *dos amigos*: this detail is also in Montalbán's *Vida y purgatorio*, p. 140.

594 huerta] buelta QCL, VSL, VS, VT, MS. It is surprising that no previous editor has noticed this obvious error in QCL. *buelta* does not make any sense in the context since Ludovico has never been to Valencia before. On the other hand, *huerta* goes inevitably with Valencia, and can easily be misread as *buelta*, especially if written in longhand. Montalbán's Ludovico also takes Teodosia to Valencia (*Vida y purgatorio*, p. 140).

595-604 Cf. Montalbán's *Vida y purgatorio*: 'al primer año se halló [Ludovico] tan pobre, acabado y menesteroso que huvo de apelar, para poder vandearse, a la cara de su prima, a quien dio a entender gustaría que se fingiesse su hermana y no su dama, lo primero para assegurarse de la justicia, y lo segundo para que los galanes de aquella ciudad tuviessen más achaque de solicitar su hermosura a costa de su dinero' (p. 141).

620-21 *santo religioso*: In Montalbán's *Vida y purgatorio*, he is a 'santo varón, que entonces assistía en un pueblo de Andaluzía' (141-42).

623-24 Cf. Montalbán's *Vida y purgatorio*: Teodosia lived in the convent 'haziendo tantas y tan continuas penitencias que grangeó la tratassen no como a criada, sino como a santa mientras vivió, que fueron seis años, acabando con la muerte más exemplar que hasta entonces se avía visto' (p. 142).

640 *buscando viaje*: presumably Ludovico arrived at this port by sea, and is now looking for a means to continue his journey by land.

670-71 There is an allusion here to Patricio's words in l. 324.

691 *a penas*: there is a pun here between 'apenas' and 'a penas' of which Calderón is exceedingly fond. See, for example, Rosaura's opening speech in *La vida es sueño*.

768 The character of Locía could be seen as a parody of her literary ancestors, the Medieval *serranas* in, for example, the Marqués de Santillana's *serranillas*.

862-63 Paulín is referring in these lines to Filipo's shipwreck. The word *carne* is probably used in the sense of 'uno de los tres enemigos del alma, que inclina a la sensualidad' (the other two are *mundo* and *demonio*). The word *pescado* is used in its double sense of 'fish' and 'fished out'.

870 In Montalbán's *Vida y purgatorio*, St Patrick is employed in 'guardar ganado' (p. 104).

912 magín] imagin QCL, VSL, VS. The word *magín* is used in the sense of 'imaginación'. Paulín means that he must have imagined that he saw Filipo embracing Locía. The word *imagin* does not exist, unless of course it is meant to reproduce Paulín's corrupt pronunciation of *magín*.

919 *por boca de ganso*: according to Covarrubias, the ganso 'es símbolo del mal poeta, como el cisne del bueno'; hence 'hablar por boca de ganso' means to speak inelegantly or like a fool.

931 Lirón, the *gracioso* of Calderón's *Las cadenas del demonio*, is also unhappily married.

959 pergeño] pergenio QCL, VSL, VS. *Pergeño* means 'character, disposition'; the word *pergenio* is meaningless, unless it is meant to be Paulín's mispronunciation of *pergeño*.

969 *La guarda cuidadosa* is the title of a play by Miguel Sánchez, published in the *Parte quinta* of the *Flor de las comedias de España de diferentes autores* (Madrid-Alcalá: Francisco de Avila, 1615), and also of an *entremés* by Cervantes, published in his *Ocho comedias, y ocho entremeses nuevos, nunca representados* (Madrid: Viuda de Alonso Martin, 1615).

982-91 Cf. Montalbán's *Vida y purgatorio*: 'le echaron [a Patricio] como a hombre sin fruto a guardar ganado, si bien el oficio fue para él de grande gusto, porque como el amor habla mejor en la soledad, toda la noche y el día gastava en llamar y amar a su Dios, haziendo templo las peñas y las flores para sacrificarle entero todo su corazón' (103-04).

996 cielos] velos QCL, VSL, VS, VT. QCL's error was produced by contamination: the word *velos* occurs again in l. 999.

1000 Cf. Psalm 19: 'The heavens declare the glory of God; and the firmament sheweth his handiwork'.

1023 As N. D. Shergold points out, the word *apariencia* was sometimes used as a synonym of *tramoya*, a piece of stage machinery. The *tramoyas* were frequently employed to bring angels down from the top balcony to the stage and to carry them aloft afterwards: *A History of the Spanish Stage* (Oxford: Clarendon Press, 1967), p. 229. See also the section on Staging in the Introduction.

1023 *carta*] *caña* QCL, VSL, VS; *not in* MS. As Vera Tassis realized, *carta* is obviously the correct reading: see l. 1045.

1023-66 Cf. Montalbán's version of this episode: 'Mas como estuviesse [Patricio] haziendo oración una noche, y se dexasse arrebatar su espíritu de un divino desmayo, éxtasis o arrobo, vio como en un espejo un varón de buena presencia, cuyo hábito dava a entender que era de su misma patria, y que le traía al parecer una carta, y acercándose para ver el sobreescrito, vio que dezía: «Esta es la voz de la gente de Hibernia». Y como quisiesse abrir la carta para ver lo que contenía, le pareció que dentro della estavan todos los moradores de Irlanda, hombres, niños y mugeres, como pequeños infantes, dando vozes y diciendo: «Patricio, Patricio, rogámoste que vengas con nosotros y nos libres desta esclavitud»' (*Vida y purgatorio*, 104-05).

1038 vertiendo] perdiendo QCL, VSL, VS, MS. *Perdiendo* is meaningless in the context; Vera Tassis provides a suitable equivalent to *derramando* (l. 1039).

1042 Victor] Vitor QCL, VSL, VS. Both Montalbán (*Vida y purgatorio*, p. 104) and Jocelin (*The Life and Acts*, p. 27) call him Victor. The stress falls on the last syllable, so as to rhyme with *señor* (l. 1041).

1075-84 In Montalbán's *Vida y purgatorio*, the Angel shows Patricio a cave where he finds enough gold to buy his freedom from slavery. As a free man, Patricio then decides 'dar la buelta por Francia, donde visitó a San Germán Obispo, del qual fue recebido con tan gran voluntad que se quedó con él y estuvo en su compañía dieziocho años, gastándolos todos en oración y estudios de las letras sagradas. Y al cabo de todo este tiempo le ordenó de sacerdote y dio licencia de predicar en todas partes'. Patricio goes next to see 'San Martín, Arçobispo de Tours, que era hermano de su madre Conquesa; y porque él fue monge a los principios de su sacerdocio, le aconsejó tomasse el hábito' (p. 105). He finally arrives at Rome 'donde, como fuesse Pontífice Celestino, primero deste nombre, y tuviesse noticia que estava allí Patricio, a quien conocía por fama, le hizo llamar con fin de comunicar con él algunos casos graves' (111-12). Celestino then 'acordándose de la necessidad que Hibernia tenía de quien cultivasse la poca fe que en ella avía, le dio comissión para que, supuesto que por ser patria suya sabía del mal que adolecía, la alentasse con su dotrina y juntamente la divirtiesse de sus idolatrías' (112).

1076 *Germán*: probably St Germain (c. 380-448), bishop of Auxerre; in the year 431 he was sent on a mission to Britain to suppress Pelagianism: see R P. C. Hanson, *Saint Patrick*, p. 47 *et passim*.

1082 *Celestino*: Pope Celestine I (422-432). According to some historians, St Patrick arrived in Ireland, not on the instructions of the Pope, but sent by the British Church: see R. P. C. Hanson, *Saint Patrick*, p. 193.

1083 *san Martín*: St Martin of Tours (c. 316-397). Since St Patrick was probably born towards the end of the fourth century, his meeting with St Martin seems highly improbable. Calderón is indebted to Montalbán for this information, as well as for the references to St Germain and Pope Celestine: See above, n. 1075-84. St Patrick's visits to St Germain and St Martin are also mentioned in Jocelin's *Life and Acts*, 28-29.

1084 Tours] Tobos QCL, VSL, VS, MS. Montalbán also has Tours: *Vida y purgatorio*, p. 105.

1092 Act I of *Las cadenas del demonio* also ends in this spectacular manner.

ACT TWO

1092-96 MacCarthy translates these lines as follows:

> Yes, Polonia, yes, for he
> Who betrays inconstancy
> Has no reason for complaining
> That another love is gaining
> On his own; (*Calderón's Dramas*, p. 277)

1136 agrada] aguarda QCL, VSL, VS, VT. *aguarda* is a synonym of *espera* and, therefore, seems redundant in the context. MS's reading is obviously the correct one. QCL's error is easily accounted for by the similarity that exists between *aguarda* and *agrada*, especially when written in longhand.

1171 *mongibelos*: According to Toro y Gisbert, Mongibelo is the old Italian name for Mount Etna (from the Arabic word 'chebel'). Calderón uses it often as a synonym of volcano. See also l. 1992.

1202-13 The source of this episode is once more Montalbán's *Vida y purgatorio*. About to be executed on the orders of King Leogario, Patricio prays to God, who then 'permitió que la tierra, como si fuera una mina a quien por la parte profunda huvieran pegado fuego, se desencaxasse con espantosos terremotos de su primera unión' (p. 113).

1206-13 A parallel with Christ's crucifixion and the meteorological disturbances which accompanied it is intended here. (Cf. Matthew, 27. 51-52).

1255 *su honra* = 'por la honra de Dios'. God's honour figures prominently in this play: see ll. 1687, 1868, etc.

1260 guadaña] grandeza QCL, VSL, VS, VT. *grandeza* is meaningless in the context. The similarity between the two words, especially when written in longhand, probably accounts for QCL's mistake.

1263 Ludovico is saying that if he is not executed, he will rise again like an evil phoenix out of the ashes of his dishonour to perform yet more evil deeds.

1266 vista] vida QCL, VSL, VS, VT. Cf. n. 158. This is a reference to the basilisk, a mythical animal that could kill with its eyes (see l. 514).

1318-20 Obviously Calderón, or Ludovico, believed that thunder preceded lightning: see ll. 1324-26. The alternative punctuation of this sentence, 'Un rayo, / antes que la esfera rompa / con un trueno, nos avisa;' is unacceptable.

1341 heroicas] gora QCL; agora VSL, VS; aora VT. QCL's error was probably caused by contamination: see l. 1335.

1395 *Babilonia* = Ireland. Deprived of the light of divine revelation, pagan Ireland is in a state of confusion. Cf. ll. 93 and 2618. Cf. Montalbán's *Vida y purgatorio*: 'assí los padres de Patricio le bautizaron secretamente, porque ellos, aunque en el hábito exterior parecía que estaban debaxo de la servidumbre de Babilonia, en el alma, en el trato y en la continuación de sacramentos eran verdaderos ciudadanos de Jerusalén' (p. 102).

1489 *sepulcro*: a reference to the silkworm. Cf. Cervantes's Carrizales in *El celoso extremeño*: 'Yo fui el que, como el gusano de seda, me fabriqué la casa donde muriese', *Novelas ejemplares*, ed. Francisco Rodríguez Marín (Madrid: Espasa-Calpe, 1975), II, 167. As an symbol of a pagan's view of life it is an extremely powerful and eloquent image.

1503 Ludovico is announcing that night has fallen. For the staging of night scenes, see J. E. Varey 'The Staging of Night Scenes in the *Comedia*', *The American Hispanist*, II, No. 15 (1977), 14-16.

1571-74 Note that Polonia's death takes place in darkness, while her miraculous resurrection by Patricio occurs during the day-time.

1615-16 Cf Garcilaso de la Vega's sonnet 'Oh, dulces prendas por mi mal halladas' in his *Poesías castellanas completas*, ed. Elías L. Rivers (Madrid: Cátedra, 1972), p. 46. This line of Garcilaso is perhaps one of the most often quoted by seventeenth-century writers, in very varied apostrophes; e.g., King David to his children in Calderón's *Los cabellos de Absalón*, l. 22 of Gwynne Edwards's edition (Oxford: Pergamon, 1973); their father to the heads of the siete infantes de Lara in Lope's *El bastardo Mudarra, Obras escogidas*, ed. F. C. Sáinz de Robles (Madrid: Aguilar, 1967), III, 683; and Estebanillo González to his endangered testicles ('¡Ay dulces prendas por mi mal perdidas!'), *Vida y hechos de Estebanillo González*, ed. Juan Millé y Jiménez (Madrid: Espasa-Calpe, 1956), II, 59. I am indebted to Professor Victor F. Dixon for these last three references.

1743 Cf Ceusis's speech in Act III of *Las cadenas del demonio* (*O.C.*, I, p. 668a).

1754-61 Referring to a dream he dreamt, Amalec says in Calderón's *La piel de Gedeón*:

> Esa halagüeña crueldad,
> que con nombre de piedad,
> nos posee en dulce calma,
> siendo argumento del Alma,
> para su inmortalidad. (*O.C.*, III, p. 533b).

In Act III of *El mágico prodigioso*, Cipriano advances a different argument to prove the immortality of the soul:

> genios hay
> (que buenos y malos llaman
> todos los doctos), que son
> unos espíritus que andan
> entre nosotros dictando
> las obras buenas y malas,
> argumento que asegura
> la inmortalidad del alma (*O.C.*, I, p. 611a)

1802 According to Eugène Portalié, St Augustine was fascinated by this problem: 'Were the damned delivered at the descent of Christ into hell?': *A Guide to the Thought of Saint Augustine*, trans. R. J. Bastian (Westport Conn.: Greenwood Press, 1960), p. 301.

1810 *viadora*: see Introduction, pp. 39.

1815-16 'The theory of the divine knowledge is summed up by Augustine in this grand conception: In one single, unchangeable glance God contemplates every being, every truth, every possible or real object. This knowledge is an eternal intuition before which the past and the future are as real as the present, but each for that portion of time in which it really exists. God encompasses all time and therefore can know the future (whether produced freely or necessarily) as infallibly as He knows the present' (Portaliè, *Guide*, p. 128).

1817 *que su misma esencia*: following MS, Valbuena Briones chose the reading 'que en su misma esencia' for his edition of the *Primera parte*, but this would make Patricio a pantheist, whereas he, following St Augustine and St Thomas Aquinas, is clearly a theist, who believed, as can be seen in ll. 994-1015, that God was distinct from his creation, though He manifested himself through it.

1819 This is in accordance with St Thomas Aquinas who 'speaks of God as creating in accordance with the divine ideas and of things as reflecting or expressing the divine ideas'. This notion originates from the Neo-platonists, and St

Augustine suscribed to it too: see F. C. Copleston, *Aquinas* (Harmondsworth: Penguin, 1977), p. 147.

1832-41 These lines are probably influenced by Montalbán: 'Los que passaren desta vida con algunos pecados veniales, o sin aver satisfecho la pena impuesta por los mortales, irán al Purgatorio, donde, como el oro en el crisol, se acrisolan y purifican las almas para que sin ninguna mancha, embaraço o culpa vean y gozen el sol puríssimo de Jesú Christo' (*Vida y purgatorio*, p. 122).

1854 In demanding a tangible, as opposed to a logical, proof of the immortality of the soul and of the existence of the other life, Egerio is contradicting himself: see ll. 1748-52.

1873 *ignorancia*: As A. A. Parker has pointed out, this kind of ignorance consists, according to St Thomas Aquinas, in failing to consider what one ought to consider. Egerio's ignorance, like Cipriano's in *El mágico prodigioso*, is 'ignorancia, / a la vista de las ciencias / no saber aprovecharlas': see A. A. Parker, 'The Devil in the Drama of Calderón' in *Critical Essays on the Theatre of Calderón*, ed. Bruce W. Wardropper (New York U. P., 1965), p. 17.

1878 *Elías*: probably a reference to *I Kings*, 19. 10: 'And he said, I have been very jealous for the Lord God of hosts'.

1879 *Moisés*: probably a reference to *Exodus*, 4. 1-9: 'And Moses answered and said, But, behold, they will not believe me'. It was not, therefore, Moses's faith that demanded portents, but that of the Israelites.

1887-98 These lines are not in MS. As the Angel malo only speaks eight and a half lines in the whole play, the *autor* who owned the MS probably thought him superfluous.

1904-6 Strictly speaking, the top of a cave may be considered a horizon, since it is the line at which land and sky meet. The *Angel Bueno* goes on to imagine both the cave and the sky reflected on the surface of the lake; in other words, he sees the 'horizon' formed by the top of the cave reflected on the lake, thereby becoming the *freno* of the lake itself. The apparent paradox (a horizon which is both the dome of a mountain and the *freno* of a lake) is thus brilliantly resolved in an ingenious conceit.

1910 The idea of a Purgatory on earth accords with St Agustine's teachings. In his *City of God*, he writes: 'On our part we acknowledge that even in this mortal life there are indeed some purificatory punishments'. And later, he adds: 'As for temporal pains, some people suffer them in this life only, others after death, others both in this life and in the other': *The City of God*, trans. Henry Bettenson, ed. David Knowles (Harmondsworth: Penguin, 1981), Book XXI, Ch. 14, p. 990.

1917 dase] dales MS. QCL's reading is correct; it means: 'pero se da cierto aviso'.

1977 *se defiende a sí [misma]*: an alternative reading is 'se defiende así'.

1980-82 Calderón is still exploiting the image he used in ll. 1904-06: see the corresponding note above.

2019-22 These are the lines to which Shelley was alluding when he wrote in his Preface to *The Cenci* that 'An idea in this speech [Beatrice's description of the chasm] was suggested by a most sublime passage in "El purgatorio de San Patricio" of Calderón; the only plagiarism which I have intentionally committed in the whole piece'. The passage occurs in Act III, scene 1 of *The Cenci*:

> And in its depth there is a mighty rock,
> Which has, from unimaginable years,
> Sustained itself with terror and with toil
> Over a gulph, and with the agony
> With which it clings seems slowly coming down;
> (*The Poetical Works of Percy Bysshe Shelley*, ed. Edward
> Dowden[Macmillan: London, 1908], pp. 299, n. 1, and 319a)

Unbeknown to Shelley, Calderón had himself 'plagiarized' this poetic idea from Luis de Góngora's play *Las firmezas de Isabela*: 'Esta montaña, que precipitante / ha tantos siglos que se viene abajo' (Act III, ll. 3-4).

2023-26 These lines also show the influence of Góngora on the young Calderón; they are borrowed from the 'Fábula de Polifemo y Galatea' (1613): 'Allí una alta roca / mordaza es a una gruta de su boca' (ll. 31-32), and 'De este, pues, formidable de la tierra / bostezo' (ll. 41-42). This sort of description is very common in Calderón's plays. As E. J. Gates notes, 'every time that Calderón describes a cave, and there are many in the Calderonian scenery, we find it called *melancólico bostezo*, and the boulder at its entrance is the inevitable *mordaza de su boca*': 'Góngora y Calderón', *HR*, V (1937), p. 252.

2027-31 Cf Góngora's 'Polifemo' (ll. 33-36):

> Guarnición tosca de este escollo duro
> troncos robustos son, a cuya greña
> menos luz debe, menos aire puro
> la caverna profunda, que la peña.

2032 lejos] cejos QCL, VSL, VS. *lejos*, a technical term used in painting, is obviously the correct reading, especially when used with *sombras*.

2063-66 In Montalbán's *Vida y purgatorio*, God leads St Patrick to the cave and explains to him that 'que qualquiera que aviendo hecho una verdadera confessión y estando firme en la fe entrasse dentro, sería absuelto de toda la pena que merecía por sus pecados, y no sólo vería la pena y castigo de los malos, sino el premio y la gloria de los buenos' (p. 128).

2083 According to Shergold, the mouth of the cave is 'discovered' first: 'within is a trapdoor and when [Egerio] steps on it he disappears into the ground and flames leap up'. (*History of Spanish Stage*, p. 361).

ACT THREE

2314 Cf Ludovico's words to the the ghost in ll. 2260-61.

2349 *una muerte*: probably an actor wearing a skeleton mask, as in the *Farsa de la muerte*: 'se puede hazer con vna mascara como calauerna [calavera] de finado' (quoted from Shergold, *History*, p. 89). This incident is substantially different from the one told in Montalbán's *Vida y purgatorio*. There, Ludovico is distracted not by an *embozado* but by a piece of paper fluttering above his head. He tries to catch it in vain for two nights but on the third night he succeeds. He opens it and sees 'que no tenía más renglones que una muerte pintada, de las que suelen ponerse el día que se hazen las exequias a los difuntos, con unas letras grandes que distintamente dezían: «Yo soy Ludovico Enio»' (p. 144).

2356-57 According to Denis Florence MacCarthy this scene is the source of a legend about the poet Shelley: 'The story of the vision of himself at Lerici, as recorded in some of the lives of the poet Shelley, which is almost identical with that in Calderón, was evidently suggested by this scene [...] The "Embozado" which Captain Medwin and others supposed to be the name of one of Calderón's dramas, and which, as might be expected, Washington Irving vainly looked for in Spain, was the *"Hombre embozado"*, the "Muffled Figure" of Calderón's *Purgatorio de San Patricio*' (*Calderón's Dramas*, p. 353).

2358 *Desaparece*: see the section on Staging in the Introduction.

2396 *Atlantes*: Atlas was a Titan condemned to stand in the west holding up the sky (the *máquina de dos polos* of l. 2394) on his shoulders. However, according to Covarrubias, he was 'rey de Mauritania; fingen los poetas aver sustentado sobre sus ombros el cielo, para sinificar el mucho conocimiento que tuvo del curso del sol, luna y estrellas'.

2500 The theory of the uniform circular motion of the sun and the planets round the earth was first put forward by Plato in his *Timaeus*, 33b-34b: see R. G. Bury's translation in vol. 34 of the Loeb Classical Library (London: Heinemann, 1966), 60-63.

2507-22 These lines are reminiscent of ll. 494-95 of Francisco de Rojas Zorrilla's *Del rey abajo ninguno*: see the edition by Jean Testas (Madrid: Castalia, 1971), p. 92. M. G. Profeti calls these lines a 'consabido tópico' in her edition of *Fuente Ovejuna* (Madrid: Cupsa, 1978), p. xxiii. She is referring to ll. 217-44 of Lope's play of which she finds equivalents in Vélez de Guevara's *La luna de la sierra*, and in Lope's *Comedia de Bamba* and *Peribáñez*.

2516 *de España* = 'del mar de España' which, in this case, is the Atlantic Ocean: Cf. 'y aun todo aquello que baña / Tajo hasta ser portugués, / entrando en el mar de España': Lope de Vega, *Peribáñez y el comendador de Ocaña*, Act I, ll. 43-45 (see the edition prepared by J. M. Ruano and J. E. Varey [London: Tamesis, 1970]). Usually, however, the *mar de España* was the Mediterranean Sea:

> Un forzado de Dragut
> en la playa de Marbella
> se quejaba al ronco son
> del remo y de la cadena:
> '¡Oh, sagrado mar de España!'
> (*Poems of Góngora,* p. 97).

2533 vives] huyes QCL, VSL, VS. *huyes* is meaningless in the context. QCL's mistake may be attributed to the fact that when written in longhand the word *vives* may easily be misread as *uyes*.

2560 *laguna*: Cf. Montalbán's *Vida y purgatorio*: 'Rodea, como diximos, toda la isla una laguna con tantas bueltas que para passarlas todas ha menester el peregrino nueve días' (p. 134).

2563 dudas] dichas QCL, VSL, VS, VT; *not in* MS. *dudas*, easily mistaken in longhand for *dichas*, is obviously the correct reading, as Ludovico's expression of his *desconfianza* in ll. 2583-86 makes clear.

2585 *el mayor delito* is a reference to his murder of Polonia. Ludovico thinks that the Devil has placed the image of Polonia in his path as a reminder of his crime so as to make him despair of ever being able to attain God's mercy.

2609-11 Cf. Montalbán's *Vida y purgatorio*: 'Danle [to the pilgrim] un barco de un madero solo, tan angosto que apenas cabe dentro' (p. 134). The image of the coffin is also used by Montalbán but in reference to the penitential cells where the pilgrim must spend seven days before entering the Purgatory (p. 135).

2614 *Entrase dentro*: Ludovico does not go off stage. The stage direction means that at this moment he embarks on the boat (see the section on Staging in the Introducction).

2618 *Babilonia*: together with other commentators of the Bible, Calderón seems to believe that the city associated with the Tower of Babel was Babylon: see his *auto La torre de Babilonia*, and ll. 93 and 1395 of this edition.

2639 *Canónigos Reglares*: this detail is also taken from Montalbán's *Vida y purgatorio*: 'hay un monasterio de canónigos reglares de la orden del glorioso Padre San Agustín' (p. 125).

2651-58 The two contrasting landscapes are in Montalbán's *Vida y purgatorio*: 'Por el un lado de la isla se ve guarnecida de sierras, pinares, encinas y montañas, donde en lugar de agua llueve granizo y nieve [...] Corresponde a su altura por la parte de abaxo un valle tan ameno, llano y apacible, que parece que la naturaleza de puro opuestos los hizo adrede, o para enamorar con la consonancia de los dos estremos, o para despicar con la hermosura del valle lo rígido y desaliñado del monte' (p. 124).

2685 oyendo] huyendo QCL, VSL, VS, VT. In longhand, the word *oyendo* could easily be misread as *uyendo*.

2703 *obispo*: According to Montalbán, the pilgrim once resolved to visit the Purgatory, 'se va al Obispo de aquella tierra y le da cuenta de su propósito, el qual le procura apartar de aquel intento [...] Mas viendo que está resuelto, le da sus letras para el Prior del monasterio, y con esto se parte el peregrino para la isla' (*Vida y purgatorio*, p. 134).

2725 pervirtáis] permitais QCL, VSL; divirtais VS. Written out in longhand, the word *pervirtais* could easily have been misread for the more common *permitais*. VS's reading is a feeble attempt to emend its copy-text.

2781 According to Shergold, 'the term "bastidor" is not used here in connexion with any perspective scene, but simply to denote a "flat", consisting, like the wings of a court theatre, of a wooden frame on which was stretched canvas that could be painted' (*History*, 361-62).

2874-80 Cf. Montalbán's *Vida y purgatorio*: 'Y como el Prior, deseoso de saber lo que le avía passado, le mandasse lo refiriesse, por cumplir con el precepto de la obediencia y juntamente mover a los fieles a que abriessen los ojos y mirassen las penas que están guardadas a los que no cumplen con sus obligaciones en qualquier estado que tuvieren, oyéndole los demás religiosos, dixo desta suerte' (p. 149).

2881-3200 This long *relación* is heavily indebted to Montalbán's *Vida y purgatorio*, chapters VII-IX. See, however, my article, 'El sueño de *El purgatorio de San Patricio*' in *Calderón: Actas del Congreso Internacional sobre Calderón y el teatro del Siglo de Oro* (Madrid: CSIC, 1983), I, 617-27, for some important differences.

2907 *pasos*: Montalbán has 'veinte varas' (p. 150).

2932 *jaspe*: in Montalbán there are 'unos arcos de jaspe que estavan encima de la escalera' (p. 153).

2980-88 Cf. Montalbán's *Vida y purgatorio*: 'después de darme muchos golpes hizieron una grande hoguera en medio del patio, y atándome muy fuertemente de pies y manos me arrastraron con unos garfios de hierro por todo el claustro, y luego me echaron con grandes gritos en mitad de las llamas que avían encendido'. (p. 153).

2991-3002 Cf Montalbán's *Vida y purgatorio*: 'me sacaron de donde estava y llevaron por una tierra muy áspera y negra, en la qual corría un viento tan recio que como si fuera una espada me passava el cuerpo de parte a parte, y de allí fuimos entrando poco a poco en unas cuevas, donde vi llorar y gemir infinitas personas' (p. 154).

3023 *víboras de fuego*: Montalbán has 'fieros lagartos' (p. 154).

3033-38 Cf. Montalbán's *Vida y purgatorio*: 'dragones que con garfios de azero les arrancavan las venas y arterias, y para curarles las heridas venían otros y les echavan plomo derretido en ellas' (p. 155). As we can see, Calderón makes some attempt to curb some of Montalbán's excesses.

3043-68 Cf. Montalbán's *Vida y purgatorio*: 'Más adelante se vía una casa altíssima, de la qual salían infinitas llamas, y preguntando yo quién estava dentro, me dixeron que era un baño muy apacible, donde se bañavan los que en el mundo avían vivido llenos de profanos olores y lascivos afeites. Abriendo pues las puertas con mucha prissa, mandaron que me assomasse, y vi un profundo lago de yelo y nieve, en que estavan metidos hasta el cuello infinitos hombres y mugeres, dando diente con diente de frío, y desde unas ventanas que estavan a la redonda del baño avía muchos demonios que con unas lanças de hierro los herían y amenazavan, si acaso sacavan las manos o la cabeça del elado estanque, donde vivían sin esperança de remedio' (p. 156).

3068 *traspillados los dientes*: the same phrase in used by Montalbán in his *Vida y purgatorio* (p. 121), although in a slightly different context.

3069-74 Cf. Montalbán's *Vida y purgatorio*: 'me subieron a una montaña tan alta que parecía tocar con las manos la región del fuego' (p. 156).

3076-84 Cf. Montalbán's *Vida y purgatorio*: 'avía un poço de fuego, del qual salían terribles llamaradas, tan altas que se perdían de vista, y en medio dellas muchas almas que dando gritos subían al passo de las llamas, y luego bolvían a baxar con más ímpetu, hundiéndose en el poço, que era profundíssimo, y en acabando de hundirse tornavan a subir y a baxar, repitiendo la subida y la caída sin cessar un punto' (p. 157).

3085-93 Cf. Montalbán's *Vida y purgatorio*: 'me echaron en el poço que dixe, y al bolver a subir la llama para arriba vino un viento tan fuerte que todos los que estavan cerca de mí, y a mí con ellos, nos llevó arrastrando por todo el campo, hasta llegar a la punta del monte, y desde allí nos despeñó a la profundidad del río' (p. 158).

3120-24 Cf. Montalbán's *Vida y purgatorio*: 'me llevaron a un río tan hondo y espesso que no hay pluma que pueda encarecer el miedo que davan sus espantosas olas. Estava por unas partes cubierto de fuego en lugar de agua, y por otras de un lodo negro y asqueroso. Avía en lugar de pezes unos monstros marinos, cuyas escamas eran unas agudas púas, que a los miserables que estavan cerca atravesavan el cuerpo' (p. 162).

3125-40 Cf. Montalbán's *Vida y purgatorio*: 'una puente muy alta, por donde me dixeron avía de passar el río, que fuera de ser hondíssimo, era tan ancho que por más que mirava a una parte y a otra nunca le pude hallar fin ni señal de tenerle. Avisáronme también mirasse bien cómo le passava, y notasse primero sus dificultades, porque si resbalava o caía, avía de perecer en cuerpo y alma' (162-63).

3155-56 Cf Montalbán's *Vida y purgatorio*: 'una senda, cercada por entrambos lados de rozas y jazmines' (164-65).

3156 jazmines] rosas y de QCL, VSL, VS, VT. Line 3158 refers to the red carnations, white jasmines, and green grass of the *espolín*. This is why MS's reading is preferred.

3157-58 Cf Montalbán's *Vida y purgatorio*: 'parecía que estava la tierra vestida de espolín encarnado y verde' (p. 165).

3167-70 Cf Montalbán's *Vida y purgatorio*: 'Era la puerta, según resplandecía, de oro finíssimo, tachonada de piedras y lúzidos diamantes' (p. 166).

3170 claveques] claveles QCL, VSL, VS. A *claveque* is a 'cristal de roca, en cantos rodados, que se talla imitando el diamante' (Academia), obviously the correct reading in the context.

3171-80 Cf. Montalbán's *Vida y purgatorio*: 'me detuvo el ver salir por la puerta que se abrió una concertada processión, en que iban muchas personas con vestiduras blancas […] un infinito número de gente de todos estados, como son niños, mugeres, casados, solteros, monjas, donzellas, religiosos, sacerdotes, obispos, arçobispos, cardenales, reyes y pontífices […] Venía en medio un coro de ángeles, unos con sus papeles de canto en las manos y otros con sus instrumentos de harpas, cítaras, vihuelas, órganos, violines, clavicordios, laúdes, guitarras, tiorbas, chirimías, clarines, flautas y trompetas' (166-67).

3190-92 In Montalbán's *Vida y purgatorio*: Ludovico actually enters the heavenly mansion, which he describes. Patricio then tells him that he is not allowed to see the face of God: 'Esta gloria de ver cara a cara la divina presencia de Dios sin velo ni rebozo no se te concede a ti' (p. 169).

3207-20 This list of authorities is borrowed from Montalbán's *Vida y purga-
torio*: 'Y aunque la materia de suyo parece estéril, no lo es tanto que no la acre-
diten Henrico Salteriense y Mateo Parisiense, Dionisio Cartujano, Jacobo Janu-
ense o Genuense, dominicano, Radulfo Hygeden, Cesario Heisterbachense,
Mombrisio, Marco Marulo, Maurolico Sículo, el reverendíssimo señor don
David Rotho, Obispo y Viceprimado de toda Hibernia, el Cardenal Belarminio,
Beda, fray Dimas Serpi, Jacobo, Solino, Misingamo, y muy doctamente don
Felipe Osulevano Bearro' (p. 130). As Victor F. Dixon shows in his article on
'Saint Patrick of Ireland and the Dramatists of Golden-Age Spain', Montalbán
himself 'cribbed' the names of these authorities from two sources: Fray Dimas
Serpi's *Tratado del purgatorio* and Thomas Messingham's *Florilegium insulæ
sanctorum* (p. 143).

3207 *Dionisio, el gran cartujano*: Dionisius the Carthusian (1402-1469)
refers to St Patrick's Purgatory in his *Quatuor novissima* (Antwerp, 1486).
MacCarthy owned a copy of this book with the title *D. Dionysii Carthusiani
Liber utilissimus de quatuor hominis novissimis, &c.* (Parisiis, 1551). According to him, the account 'De Purgatorio Sancti Patritii' extended from fol. 235 to
fol. 237 (*Calderón's Dramas*, p. 370).

3208 *Enrique Salteriense*: Henry of Saltrey, author of *Tractatus de Purgatorio S. Patricii* (see Introduction, p. 16-17). Thomas Messingham (see below,
note 3216), says that he was 'an English monk of the Cistercian order, who had
been taught most excellent Precepts of a good Life as well as good Letters by
Florentianus, an Irish bishop, and Gilbert de Luda [Louth, in Licolnshire],
Abbot of the Cistercian Monks, who also, being himself well instructed, used to
teach others the fear of the Lord as the beginning of wisdom [...] And hence it is
that he wrote unto Henry Abbot of Sartis one Book of the Purgatory of St
Patrick and one Book of the Pains of Purgatory. He flourished in the year of
Grace 1140': Preface to *A Brief History of St Patrick's Purgatory* (Paris, 1718);
quoted from MacCarthy's *Calderón's Dramas*, p. 370.

3209 *Mateo, Jacobo, Ranulfo*: *Mateo* is Matthew Paris (died *circa* 1259), the
author of a *Chronica Majora*, into which he incorporated Roger of Wendover's
Flores Historiarum with a much modified version of Henry of Saltrey's narrative. Thomas Messingham says that he was 'an English Benedictine Monk, who
had from his youth consecrated himself to a Monastic life, and polish'd most
excellent talents of nature with exquisite Arts and Sciences, and adorn'd the
same with all Christian virtues; being a Handicraft, a Writer, a good Painter, a
fine Poet, an acute Logician, a solid Divine; and (which is much more valuable)
pure in his Manners, bright in the innocence of his life, simple and candid':
quoted from MacCarthy's *Calderón's Dramas*, p. 371. *Jacobo* is Jacobus Janu-
ensis, a Dominican, better known as Jacobus de Voragine, author of the *Leg-

enda Aurea, the fiftieth chapter of which is devoted to St Patrick. *Ranulfo* is Ranulphus, or Ralph Higden (died 1363), the monk of Chester whose *Polychronicon* includes the story of Knight Owen (an edition of this work was printed at Westminster in 1495 by Wynkin de Worde).

3210 *Cesario Esturbaquense*: Caesarius of Heisterbach, a Cistercian monk (1180-1240), author of *Dialogus miracolorum* (Cologne, 1475). Adrien Baillet says that 'Césaire se fit moine l'an 1198, au Val de Saint de Pierre, dit autrement Heisterbach, près de la ville de Bonne, dans le diocèse de Cologne, et ne mourut que près de quarante ans après. Il avoit été maître des novices dans son couvent, et ensuite prieur de la maison de Villiers': *Discours sur l'histoire de la Vie des Saints* (Paris, 1739), I. xlvii (quoted from MacCarthy's *Calderón's Dramas*, p. 371).

3211 *Mombrisio, Marco Marulo*: *Mombrisio* is Boninus Mombritius (1424-1482), author of *Sanctuarium, sive Vitae sanctorum* (Milan, 1479), which contains an account of the visit of a certain Nicolaus to the Purgatory. Adrien Baillet says that 'Cet homme peu connu d'ailleurs étoit Milanois de naissance, conseiller ou fils de conseiller au sénat de Milan; il vivoit du tems de Galeas Marie, duc de Milan, qui fut tué l'an 1476, et du Pape Sixte IV, qui mourut en 1484. Il s'étoit déjà fait regarder comme grammairien, poëte, orateur, et philosophe par divers ouvrages, mais aucun ne lui fit tant d'honneur que son *Sanctuaire*, qui est le titre qu'il donna à son recueil d'actes des Saints dédié à Simonete, secrétaire des ducs de Milan': *Discours*, lvii (quoted from MacCarthy's *Calderón's Dramas*, p. 372). *Marco Marulo* is Marcus Marulus (1450-1524), a native of Dalmatia and the author of *Hymni et epigrammata* (Florence, 1497). Chapter XIV of Lib. 6 of his 'De religiose vivendi institutioni per exempla' is entitled 'De revelationibus infernalium poenarum' (see MacCarthy, *Calderón's Dramas*, p. 372).

3212 *David Roto*: David Rothe (1573-1650), bishop of Ossory, wrote an account of Lough Derg and the Pilgrimage early in the seventeenth century and the Elucidations to Jocelin's *Life of Saint Patrick* (see note 24-32). Messingham used both works for his *Florilegium* (see Shane Leslie, *Saint Patrick's Purgatory: A Record from History and Literature* [London: Burns Oates and Wasbourne, 1932], 91-94). Messingham says that he was 'a Man excellently well read in all parts of literature, an eloquent Rhetorician, a subtle Philosopher, a profound Divine, a celebrated Historian, a zealous chastizer of Vice, a steady Defender of Ecclesiastical Liberty, a constant Assertor of the Privileges of his Country, most devoutly compassionate upon the calamities of his Nation, a diligent Promoter of Peace and Unity among the Clergy, and, for that end, instituted the Congregation commonly called Pacifick, in the year 1620, which has, with no little fruit and advantage to the Clergy, spread itself over all the Kingdom,—a

Man, in fine, who has left to Posterity many rare Monuments of his excellent talents': quoted from MacCarthy's *Calderón's Dramas*, 372-73.

3214 *Belarmino*: probably Roberto, Cardinal Bellarmine (1542-1621), who is also mentioned at the end of Tirso de Molina's *El condenado por desconfiado*, l. 299 of Daniel Rogers's edition (Oxford: Pergamon, 1974). *Beda:* the Venerable Bede (675-735). *Serpi:* Fr. Dimas Serpy, author of a *Tratado de Purgatorio contra Lutero y otros herejes* (Barcelona, 1604). In Montalbán's *Vida y purgatorio*, the marginal note gives '*Lib. de Purgatorio*, cap. 26' as the reference.

3215 *Jacob*: Jacobus de Vitriaco who, in his *Historia Orientale*, ch. 92, refers to St Patrick's Purgatory. *Solino*: Caius Julius Solinus. According to MacCarthy, 'the latest date assigned as the period when this celebrated writer flourished is A. D. 238—that is, 135 years before the birth of St Patrick' (p. 374). In his *Polyhistor*, Solinus dedicates a chapter to Ireland. In it he states that there are no snakes in that island, thereby depriving St Patrick of one of his most famous miracles. As is to be expected, Solinus does not refer to the Purgatory, but as Victor F. Dixon realized there is a reference to the Purgatory in a *Commentarium in C. Julii Solini Polyhistor* by Joannes Camertes, published in Basle in 1557: 'Saint Patrick of Ireland', p. 155, n. 7.

3216 *Mesingano*: Thomas Messingham, author of *Florilegium Insulæ Sanctorum* (Paris, 1624).

BIBLIOGRAPHY

Alborg, Juan Luis. *Historia de la literatura española* (Madrid: Gredos, 1967).

Allen, John J. *The Reconstruction of a Spanish Golden-Age Playhouse: El Corral del Príncipe, 1583-1744* (Gainesville: University Presses of Florida, 1983).

————. 'El Corral de la Cruz: Hacia la reconstrucción del primer corral de comedias de Madrid', *El mundo del teatro español en su Siglo de Oro: estudios dedicados a John E. Varey,* ed. by J. M. Ruano de la Haza (Ottawa: Dovehouse Press), in press.

Approaches to the Theater of Calderón, ed. Michael D. McGaha (Lanham: University Press of America, 1982).

Aubrun, Charles V. *La comedia española* (1600-1680) (Madrid: Taurus, 1968).

Augustine, St. *The City of God*, trans. Henry Bettenson, ed. David Knowles (Harmondsworth: Penguin, 1981).

Brunel. C. 'Sur la version provençal de la relation du voyage de Raimon de Perillos au Purgatoire de Saint Patrice', *Estudios dedicados a Ramón Menéndez Pidal* (Madrid, 1956).

Calderón: Actas del Congreso Internacional sobre Calderón y el teatro español del Siglo de Oro (Madrid: CSIC, 1983), 3 vols.

Calderón and the Baroque Tradition, ed. Kurt Levy *et al* (Waterloo: Wilfrid Laurier University, 1986).

Calderón de la Barca, Pedro. *Los cabellos de Absalón*, ed. Gwynne Edwards (Oxford: Pergamon, 1973).

————. *Cada uno para sí*, ed. J. M. Ruano de la Haza (Kassel: Reichenberger, 1982).

————. *Comedias,* ed. D. W. Cruickshank and J. E. Varey (London: Greg International Publishers and Tamesis Books, 1973), 19 vols.

————. *En esta vida todo es verdad y todo mentira,* Don W. Cruickshank (London: Tamesis, 1971).

————. *No hay más fortuna que Dios,* ed. A. A. Parker (Manchester: Manchester U. P., 1962).

————. *Obras completas*, ed. Angel Valbuena Briones (Madrid: Aguilar, 1969).

————. *Primera parte de las Comedias de Calderón,* ed. A. Valbuena Briones (Madrid: CSIC, 1974).

_____. *Teatro de Calderón*, ed. Miguel de Toro Gisbert (Paris: Ollendorff, 1914).

_____. *La vida es sueño,* ed. A. E. Sloman (Manchester University Press, 1975).

Cancionero de 1628, ed. J. Manuel Blecua, anejo XXXII de la *RFE* (Madrid, 1945).

Cervantes Saavedra, Miguel de. *Ocho comedias, y ocho entremeses nuevos, nunca representados* (Madrid: Viuda de Alonso Martin, 1615).

_____. *Novelas ejemplares*, ed. Francisco Rodríguez Marín (Madrid: Espasa-Calpe, 1975).

Cirlot, E. *A Dictionary of Symbols*, trans. by Jack Sage (London: Routledge & Kegan Paul, 1962).

Copleston, C. *Aquinas* (Harmondsworth: Penguin, 1977).

Cotarelo y Mori, E. 'Actores famosos: María de Córdoba "Amarilis" y su marido Andrés de la Vega', *RABM,* X (1933), 1-33.

_____. *Ensayo sobre la vida y obras de D. Pedro Calderón de la Barca* (Madrid: Tipografía de la Revista de Archivos, 1924).

Covarrubias, Sebastián de. *Tesoro de la lengua castellana o española*, ed. Martín de Riquer (Barcelona: Alta Fulla, 1987).

Critical Essays on the Theatre of Calderón, ed. B. W. Wardropper (New York: New York U. P., 1965).

Dixon, Victor F. 'Montalbán's *Vida y purgatorio de San Patricio:* Its Early Textual History', *BHS,* LII (1975), 227-34.

_____.'The Uses of Polymetry: An Approach to Editing the *Comedia* as Verse Drama', *Editing the Comedia,* ed. Frank P. Casa and Michael D. McGaha (Ann Arbor: Michigan Romance Studies, 1985), 104-25.

_____. 'Saint Patrick of Ireland and the Dramatists of Golden-Age Spain', *Hermathena,* CXXI (1976), 142-58.

Easting, Robert. 'Owein at St Patrick's Purgatory', *Medium Ævum,* LV (1986), 159-75.

Edwards, Gwynne. *The Prison and the Labyrinth* (Cardiff: University of Wales Press, 1978).

Entenza de Solare, E. 'Notas sobre *El purgatorio de San Patricio,*' *Filología,* XV (1971), 31-52.

Garcilaso de la Vega. *Poesías castellanas completas*, ed. Elías L. Rivers (Madrid: Cátedra, 1972).

Gates, E. J. 'Góngora y Calderón', *HR,* V (1937), 250-58.

Genealogía, origen y noticias de los comediantes de España, ed. N. D. Shergold and J. E. Varey (London: Tamesis, 1985).

Góngora y Argote, Luis. *Poems of Góngora*, ed. R. O. Jones (Cambridge U.P., 1966).

Gónzalez, Estebanillo. *Vida y hechos de Estebanillo González*, ed. Juan Millé y Jiménez (Madrid: Espasa-Calpe, 1956).

Green, Otis H. *Spain and the Western Tradition* (Madison: University of Wisconsin Press, 1964), 4 vols.

Hanson, P. C. *Saint Patrick: His Origins and Career* (Oxford: Clarendon Press, 1968).

Hilborn, H. W. *A Chronology of the Plays of D. Pedro Calderón de la Barca* (Toronto, Toronto U. P., 1938).

Howe, Elizabeth T. 'Fate and Providence in Calderón de la Barca', *BC,* XXIX (1977), 103-17.

Jocelin. *The Life and Acts of Saint Patrick*, translated from the original Latin of Jocelin, the Cistercian Monk of Furnes with the Elucidations of David Rothe by Edmund L. Swift (Dublin: Hibernia Press, 1809).

Koestler, Arthur. *The Sleepwalkers* (Harmondsworth: Penguin, 1975).

Langer, Susanne. *Feeling and Form* (New York, 1953).

Leslie, Shane. *Saint Patrick's Purgatory: A Record from History and Literature* (London: Burns Oates and Washbourne, 1932).

_____. *Saint Patrick's Purgatory* (Colm O Lochlainn, 1961).

Lynch, John. *Spain Under the Habsburgs* (Oxford: Blackwell, 1969).

MacBride, Patrick. 'Saint Patrick's Purgatory in Spanish Literature', *Studies,* XXV (1936), 277-91.

MacCarthy, Denis Florence. *Calderón's Dramas* (London: Kegan Paul, Trench, 1887).

_____. *Dramas of Calderón* (London: Charles Dolman, 1853).

Mahaffy, P. 'Two Early Tours in Ireland', *Hermathena,* XL (1914), 1-16.

Marie de France. *L'Espurgatoire Saint Patriz'*, ed. T. A. Jenkins (Philadelphia, 1894).

Marín, Diego. *Uso y función de la versificación dramática en Lope de Vega* (Garden City: Estudios de Hispanófila, 1968).

Menéndez Pelayo, Marcelino. *Calderón y su teatro,* 4th ed. (Madrid: Revista de Archivos, 1919).

————. *Orígenes de la novela,* ed. Enrique Sánchez Reyes (Santander: CSIC, 1943).

Miguel y Planas, R. *Llegendes de l'altra vida* (Barcelona, 1914).

Merimée, E. *'El ayo de su hijo:* comedia de don Guillén de Castro', *BH,* VIII (1906).

Molina, Tirso de. *Obras dramáticas completas,* ed. Blanca de los Ríos (Madrid: Aguilar, 1969), 3 vols.

Moll, Jaime. 'Diez años sin licencias para imprimir comedias en los reinos de Castilla: 1625-34', *BRAE,* LIV (1974), 97-103.

Morón Arroyo, Ciriaco. *Calderón, pensamiento y teatro* (Santander: Sociedad Menéndez Pelayo, 1983).

O'Callaghan, Joseph. *A History of Medieval Spain* (Ithaca: Cornell U. P., 1975).

Ovid. *Metamorphoses,* trans. M. M. Innes (Harmondsworth: Penguin, 1977).

Parker, A. A. *The Allegorical Drama of Calderón* (Oxford: Dolphin, 1943).

————.'The Devil in the Drama of Calderón' in *Critical Essays on the Theatre of Calderón*, ed. Bruce W. Wardropper (New York U. P., 1965), 3-23.

Pérez de Montalbán, Juan. *Vida y purgatorio de San Patricio,* ed. M. G. Profeti (Università di Pisa, 1972).

Pérez Pastor, Cristóbal. *Documentos para la biografía de D. Pedro Calderón de la Barca* (Madrid: Fortanet, 1905).

Plato. *Timaeus*, trans. R. G. Bury (London: Heinemann, 1966).

Portalié, Eugène. *A Guide to the Thought of Saint Augustine,* trans. Ralph J. Bastian (Westport, Conn.: Greenwood Press, 1975).

Profeti, Maria Grazia. *Paradigma y desviación* (Barcelona: Planeta, 1976).

Quevedo, Francisco de. *An Anthology of Quevedo's Poetry*, ed. R. M. Price (Manchester U. P., 1969).

Radice, Betty. *Who's Who in the Ancient World* (Harmonsworth: Penguin, 1978).

Rojas Zorrilla, Francisco de. *Del rey abajo ninguno*, ed. Jean Testas (Madrid: Castalia, 1971).

Roquefort , B. de. *Poésies de Marie de France* (Paris, 1832).

Rozas, Juan Manuel. *Significado y doctrina del 'Arte Nuevo' de Lope de Vega* (Madrid: Sociedad General Española de Librería, 1976).

Ruano de la Haza, J. M. 'Dos censores de comedias de mediados del siglo XVII', *Estudios sobre Calderón y el teatro del Siglo de Oro. Homenaje a*

Kurt y Roswitha Reichenberger, ed. Francisco Mundi Pedret (Barcelona: PPU, 1988) (in press).

_____.'An Early Rehash of *Peribáñez*', BC, XXXV (1983), 6-29.

_____.'La edición crítica de *Cada uno para sí'*, *Hacia Calderón. Tercer coloquio anglogermano,* ed. Hans Flasche (Berlin: Walter de Gruyter, 1976), 126-47.

_____.'The Meaning of the Plot of Calderón's *El mayor monstruo del mundo'*, *BHS,* LVIII (1981), 229-40.

_____.'La puesta en escena de *La mujer que manda en casa'*, RCEH, X (1986), 235-46.

_____.'El sueño de *El purgatorio de San Patricio'*, *Calderón. Actas del Congreso Internacional sobre Calderón y el teatro español del Siglo de Oro* (Madrid: CSIC, 1983), I, 617-27.

_____.'The Staging of Calderón's *La vida es sueño* and *La dama duende'*, *BHS,* LXIV (1987), 51-63.

_____.'Texto y contexto de *El caballero de Olmedo* de Lope', *Criticón,* XXVII (1984), 37-53.

Ruiz Ramón, Francisco. *Calderón y la tragedia* (Madrid: Alhambra, 1984).

San Román, Francisco de B. *Lope de Vega, los cómicos toledanos y el poeta sastre* (Madrid: Góngora, 1935).

Sánchez, Miguel. *La guarda cuidadosa, Parte quinta* of the *Flor de las comedias de España de diferentes autores* (Madrid-Alcalá: Francisco de Avila, 1615).

Seymour, St John D. *Irish Visions of the Other-World* (London: Macmillan, 1930).

Shelley, P. B. *The Poetical Works of Percy Bysshe Shelley*, ed. Edward Dowden (Macmillan: London, 1908).

Shergold, Norman D. *A History of the Spanish Stage* (Oxford: Clarendon Press, 1967).

Shergold, N. D. and J. E. Varey, *Teatros y comedias en Madrid: 1687-1699* (London: Tamesis, 1979).

_____. *Teatros y comedias en Madrid: 1699-1719* (London: Tamesis, 1986).

_____. *Los autos sacramentales en Madrid en la época de Calderón: 1637-1681* (Madrid: Ediciones de Historia, Geografía y Arte, 1961).

Sloman, Albert E. *The Dramatic Craftsmanship of Calderón* (Oxford: Dolphin, 1958).

Sullivan, Henry W. *Calderón in the German Lands and the Low Countries* (Cambridge: Cambridge U. P., 1983).

Ticknor, George. *History of Spanish Literature* (London: John Murray, 1855).

Valbuena Briones, Angel. 'La extraña contrariedad en la armonía del mundo', *Estudios literarios de hispanistas norteamericanos dedicados a Helmut Hatzfeld* (Barcelona, 1974), 309-21.

Valbuena Prat, Angel. *Historia de la literatura española,* (Barcelona: Gustavo Gili, 1960).

Varey, John E. '"Sale en lo alto de un monte": un problema escenógrafico', to be published in *Hacia Calderón. Noveno Coloquio Anglogermano.*

_____.'The Staging of Night Scenes in the *Comedia'*, *The American Hispanist*, II, No. 15 (1977), 14-16.

_____.'Valores visuales de la comedia española en la época de Calderón', *Edad de Oro,* V (1986), 271-97.

Varey, J. E. and N. D. Shergold, *Teatros y comedias en Madrid: 1600-1650* (London: Tamesis, 1971).

_____. *Teatros y comedias en Madrid: 1651-1665* (London: Tamesis, 1973).

_____. *Teatros y comedias en Madrid: 1666-1687* (London: Tamesis, 1974).

_____. *Los arriendos de los corrales de comedias de Madrid: 1587-1719* (London: Tamesis, 1987).

Vega, Lope de. *Fuente Ovejuna,* ed. M. G. Profeti (Madrid: Cupsa, 1978).

_____. *El mayor prodigio y purgatorio en la vida,* introduzione, testo critico e note a cura di Maria Grazia Profeti (Verona: Università di Padova, 1980).

_____. *Obras escogidas,* ed. F. C. Sainz de Robles, (Madrid: Aguilar, 1974), 3 vols.

_____. *Peribáñez y el comendador de Ocaña,* ed. J. M. Ruano and J. E. Varey (London: Tamesis, 1980).

Verdeyen and J. Endepols, *Tondalus' Visioen en St Patricius' Vagevuur* (Ghent, 1914).

Wardropper, Bruce W. 'Las comedias religiosas de Calderón', *Calderón: Actas del Congreso Internacional sobre Calderón y el teatro español del Siglo de Oro* (Madrid: CSIC, 1983), 185-98.

_____.'Christian and Moor in Calderón's *El príncipe constante'*, *MLR,* LIII (1958), 512-20.

Webb, Alfred. *A Compendium of Irish Biography* (Dublin, 1878).

Williamsen, Vern G. 'A Commentary on "The Uses of Polymetry" and the Editing of the Multi-Strophic Texts of the Spanish *Comedia"*, *Editing the Comedia*, ed. Frank P. Casa and Michael McGaha (Ann Arbor: Michingan Romance Studies, 1985), 126-45.

Edward M. Wilson, 'The Four Elements in the Imagery of Calderón', *MLR*, XXXI (1936), 34-47.

_____.'Inquisición y censura en la España del siglo XVII', *Entre las Jarchas y Cernuda* (Barcelona: Ariel, 1977).

Wilson, E. M. and Duncan Moir, *A Literary History of Spain. The Golden Age: Drama,* 1492-1700 (London: Ernest Benn, 1971).

Wilson, Margaret. *Spanish Drama of the Golden Age* (Oxford: Pergamon, 1969).

Wright, Austin M. *The Formal Principle in the Novel* (Ithaca: Cornell U. P., 1982)